KB212056

칼 바르트

말씀하시는 하느님, 응답하는 인간

마이클 레이든 지음 · 윤상필 옮김

이 도서의 국립중앙도서관 출판시도서목록(CIP)은
서지정보유통지원시스템 홈페이지(http://seoji.nl.go.kr)와
국가자료공동목록시스템(http://www.nl.go.kr/kolisnet)에서
이용하실 수 있습니다. (CIP제어번호 : CIP2017011992)

칼 바르트

말씀하시는 하느님, 응답하는 인간

마이클 레이든 지음 · 윤상필 옮김

비아
VIA

| 차례 |

일러두기

- 역자 주석의 경우 *표시를 해 두었습니다.

- 성서 표기와 인용은 『공동번역 개정판』(대한성서공회, 1999)을 따르되
맥락에 따라 『새번역』(대한성서공회, 2004), 『개역개정판』(대한성서공
회, 1998)을 병행사용하였습니다.

감사와 찬송을 다 주께 드리어라.
저 높은 곳에서 다스리시는 주님
영원한 하느님 다 경배할지라.
전에도 이제도 장래도 영원히.

01

왜 칼 바르트인가?

칼 바르트Karl Barth는 16세기 이후 가장 중요한 개신교 신학자다. 교황 비오12세Pius XII는 그가 토마스 아퀴나스Thomas Aquinas 이후 가장 중요한 그리스도교 신학자라고까지 말한 바 있다. 예언자가 이스라엘 백성을 향해 외쳤듯 그는 당대 교회를 향해 외쳤다. '주류 자유주의 개신교는 그리스도교 교의doctrine를 향해 품었던 의심을 거두라!' '옛 신앙고백에 대한 신뢰를 회복하는 데 머물지 말고 그 고백을 실천하라!' '예수 그리스도에게 신실한지를 신학으로 비판하고 검증하라!' 오늘날 그리스도인에게도 자극을 주는 대담한 주장이다.

바르트는 목사였고, 그가 총 5부로 기획한 『교회교의학』

Kirchlicke Dogmatik은 동료 설교자들의 길잡이가 되었다. 하지만 오늘날 교회 현장은 바르트에 별 관심이 없는 듯하다. 성직 수련 과정에 몸담은 이라면 바르트의 이름을 한두 번씩 접하지만, 그들마저도 워낙 방대한 내용 탓에 바르트의 저작을 제대로 소화하지 못한다. 그러니 머릿속에는 내실 없는 그림만 남기 십상이다. 많은 신학생은 바르트를 두꺼운 책을 쓴 신학자, 파이프 담배를 연신 뿜어대며 독어로 말하는 신학자 정도로만 기억한다. 이 희화화된 인상은 어떤 고정관념을 은연중에 드러낸다. 묵직한 저작을 쓴 석학이 일상에서 그리스도의 제자로 살고자 씨름하는 평범한 사람들에게 큰 도움을 줄 수 있을까? 그렇다 한들 우리가 그런 석학과 씨름할 여유가 있을까?

한편 그리스도교 윤리학자들은 또 다른 맥락에서 오랜 시간 바르트를 비판적으로 바라보았다. 어떤 이는 바르트가 인간이 어떻게 결단하고 행동해야 할지 충분히 설명하지 못한다고 주장했고, 어떤 이는 그의 신학이 지나치게 학문적인 탓에 대중이 소화해서 신앙생활에 적용하기에는 어렵다고 말했다.[1,2] 대다수 학자는 바르트 신학이 그리스도교 윤리 담론을 간과했다고 평가했다. 하지만 최근 20년 동안 가히 상전벽해라 할 만한 변화가 일어났다. 많은 학자가 바르트가 강조했던 신조, 교회 전통, 성서 신학을 윤리 담론으로 진전시키는 일에 참여하고 있다.

이러한 변화의 물꼬를 튼 저작은 두에인 메서니Duane Matheny의 『교의학과 윤리학: 칼 바르트 교회교의학에 나타난 신학적 실재론과 윤리』Dogmatics and Ethics: The Theological Realism and Ethics of Karl Barth's Church Dogmatics와 나이젤 비거Nigel Biggar의 『기다리며 서두르기: 칼 바르트의 윤리학』The Hastening That Waits: Karl Barth's Ethics이다. 두 책은 바르트의 신학적 틀 안에서 그의 윤리학을 해설한다. 이어서 존 웹스터John Webster가 쓴 두 권의 책, 바르트의 윤리학을 윤리적 존재론으로 설명한 『화해 윤리』The Ethics of Reconciliation와 논문 모음집인 『칼 바르트의 윤리 신학』Barth's Moral Theology: Human Action in Barth's Thought이 나왔으며 이후 바르트의 윤리학에 관한 크고 작은 논문들이 해마다 나오고 있다.

이 작은 책에서는 바르트를 모르는 이들에게 바르트 윤리 신학의 윤곽을 희미하게나마 잡아주고, 심화 연구의 마중물이 될 요점을 제시하고자 한다. 교의에 대한 바르트의 확신은 오늘날에도 가치를 지닌다. 그는 교의가 교회의 윤리적 전망과 의사 결정을 지혜롭게 이끌고 형성해 줌으로써 참된 그리스도교적 행동을 낳으리라 확신했다. 참된 그리스도교적 행동이란 다름 아닌 예수 그리스도 안에서 충만한 생명을 주시는 하느님께 기쁨으로 순종하는 것이다.

우리는 탄식한다.
'오소서, 창조주 성령이여!'
그런데 이제는 그 탄식이 …
우리에게 성령이 이미 있는 양
의기양양할 때보다 희망적이다.
여러분이 이 탄식을 들었다면,
이미 '나의 신학'을 개관한 것이다.

- 『말씀과 신학』 中

우리는 두 세계 사이의 방랑자,
이 세계에서는 고향을 잃어버렸고
저 세계에서는 아직 집에 도달하지 못한 상태다.
그러나 우리가 그런 방랑자이기 때문에 그리스도 안에서
하느님의 자녀인 것이다.
우리네 삶의 신비는 진실로 하느님의 신비다.
그분에 의해 감동하여 우리는 탄식하고, 부끄러워하고,
소스라쳐 놀라고, 죽을 수밖에 없다.
그분에 의해 감동하여 우리는 기뻐하고,
용기를 내고, 희망하고, 살 수 있다.
그분은 원천이다. 그래서 우리는 계속해서 움직임 속에 있다.

- 자펜빌 시절 노트에 적힌 글 中

02

바르트의 생애

초기

바르트는 1886년 스위스 바젤에서 태어났다. 아버지는 개혁교회 목사로 시무했고 설교자 양성 학교에서 신약을 가르쳤다. 어머니는 종교개혁가 하인리히 불링거Heinrich Bullinger 가문의 사람이자, 대대로 내려온 목회자 집안 출신이었다. 바르트 가족의 생활은 그리스도교 신앙의 독실함과 진지함에 뿌리내리고 있었다. 열여섯 살 무렵 그는 신학자가 되겠다고 결심했다. 이후 그는 당시 결심에 대해 말했다.

그때는 구체적으로 설교자가 되겠다거나 사목 활동을 하겠다고 마음먹은 것은 아니었다. 당시 나는 뿌연 안개 속에서 갈피를 못 잡고 있던 생각을 떨쳐내고 교회의 신조들을 제대로 이해하고 싶었다.[3]

1904년에서 1909년까지 바르트는 여느 스위스 개혁교회 출신의 신학생처럼 베른, 베를린, 튀빙겐, 마르부르크 등 여러 대학을 다니며 수학했다. 아돌프 폰 하르낙Adolf Von Harnack과 빌헬름 헤르만Wilhelm Hermann의 영향권 아래 자유주의 개신교 사상을 섭렵하면서 임마누엘 칸트Immanuel Kant와 프리드리히 슐라이어마허Friedrich Schleiermacher의 저작을 정독했다. 「그리스도교 세계」Die Christliche Welt의 편집도 맡았는데, 당시 이 잡지는 교의와 교회에 매몰된 그리스도교에 맞서서 그리스도교의 사회·윤리적 측면을 강조했다. 이러한 영향 아래 바르트는 그리스도교를 "비판적 검증의 대상인 역사적 현상으로 바라보면서도 윤리를 강조하는 내적 체험의 대상으로 보았다".[4] 1908년에는 목사 안수를 받고 제네바에서 사목 활동을 시작했다. 제네바에서의 활동은 당시 여느 목사와 크게 다르지 않았다. 교인들을 심방하고 도시 빈민을 위로하면서, 그리스도교의 사회적 의미를 담은 자유주의 사상을 설파했다. 2년이 지난 뒤 그는 북쪽 산업 지구인 자펜빌로 이

사했다.

자펜빌의 목사

당시 자펜빌 인구 중 3분의 2 이상은 공장 노동자였고, 소수만이 예배에 참석했다. 바르트는 아내 넬리와 합심해서 마을 공동체 문제를 살뜰히 챙기는 목사로 성장해 나갔다. 사목자가 통상적으로 하는 업무 외에도 그는 사람들에게 가정학domestic science, 부기book-keeping를 가르쳤다. 마을과 개인의 위생 문제에 관한 좌담회를 열었고, 학교 운영회 이사로서 여학생을 위한 커리큘럼을 도입하는 일에도 앞장섰다. 착취당하는 공장 노동자들을 대변하기 위해 자펜빌의 지역 노동조합에 가입했고 공장법과 보험법도 공부했다. 사람들은 그를 '빨갱이 목사'라 불렀다. 그의 좌파적 행보에 대한 항의의 표시로 공장 소유주 집안 출신이었던 당시 교회 운영위원회 대표가 사임했지만, 바르트는 아랑곳하지 않고 사회 정의야말로 임박한 하느님 나라의 진면목임을 강조했다.

이러던 와중에 제1차 세계대전이 발발했다. 이 전쟁은 바르트에게 심대한 영향을 미쳤으며 일종의 위기로 다가왔다. 그의 신학 스승들은 전쟁 지지에 앞장섰는데 그가 볼 때 이러한 행동은 그들이 가르친 인류애 곧 자유주의의 이상과 모순을 일으키는 것이었다. 바르트는 그들의 윤리가 실패했다고 판단했다. 이는 그에게 전쟁보다 훨씬 심각한 위기였다. 자유주의 개신교의 모든 신학적 기획은 윤리적 실패로 돌아갔다. 그렇다면 이 신학의 밑바탕에는 도대체 무엇이 남는가? 훗날 그는 이 물음에 대한 소회를 밝혔다.

성서 주해, 윤리학, 교의학, 설교, 내가 여태껏 진실로 부여잡았던 모든 것이, 독일 신학자들이 쓴 모든 글과 더불어 밑바탕부터 송두리째 흔들리고 있었다.[5]

신학을 다시 생각하다

전쟁 기간 바르트는 신학의 터를 새롭게 다지기로 결심했다. 같은 지역에서 사목 활동을 하던 목사 에두아르트 투르나이젠Eduart Thurneysen과 의기투합해 전보다 열린 자세로 성서를 읽었고 그 가운데 새로이 하느님을 만났다고 생각했다.

신학을 처음부터 완전히 새롭게 배우고 싶었다. 성서에 빠져서 신구약을 예전과는 다르게 읽고 해석하는 일에 매진했다. 차츰 신구약의 말씀이 열리기 시작했다.[6]

성서 말씀은 그의 신학과 설교를 비롯한 모든 것을 바꾸었다. 1918년 바르트는 이후 숱한 논쟁을 일으킨 『로마서 강해』Der Römerbrief 1판 원고를 완성했고, 1924년에는 성서에 관련된 주제를 다룬 논문 모음집 『하느님의 말씀과 신학』Das Wort Gottes und die Theologie을 내놓았다. 이 책은 바르트가 예수 그리스도를 통해 계시된 하느님 말씀을 터 삼아 신학과 성서에 어떻게 접근했는지 잘 보여준다.

『로마서 강해』1판의 출판 덕분에 바르트는 1921년 괴팅겐 대학에서 강의를 맡는다. 그는 교수진 중 유일하게 박사 학위를 받지 않은 사람이었다. 학문적 호기好機가 이때부터 시작되었다. 그는 연이어 뮌스터(1925~1929), 본(1930~1934), 바젤(1935~1962) 대학에서 교수직을 맡았다. 사목자로 활동하던 시절과 환경이 판이해졌다. 그렇다고 해서 바르트는 사목자라는 자신의 정체성을 내려놓지 않았다. 도리어 교수직을 통해 교회를 섬긴다는 목표를 굳게 세웠다.

나치와 맞서다

본에서 보낸 5년이라는 시간 동안 바르트는 나치와 맞섰다. 그는 거침이 없었다. 이 시절, 그는 국가사회주의자들과 맞서기 위해 사민당에 가입했다. 그리스도교가 반유대주의를 표방하는 일이 얼마나 부당한지를 역설하기 위해, 바르트는 학교 강의실에서 예수가 유대인이라고 가르쳤다. 1933년 1월 히틀러가 총통이 된 이후에도 그는 국가가 교회를 통제하려는 시도에 서슴없이 저항했다. 이 시기 바르트는 『오늘의 신학적 실존』Theologische Existenz Heute이라는 소책자를 썼는데 여기서 그는 교회에 고유한 자유가 있음을, 주主는 예수 그리스도뿐임을 강력하게 주장했다. 또한 '제국교회'Reichskirche를 반대하는 이들을 위해 미국 교회에 교회일치운동 차원의 지지를 호소했고 제국교회의 신학을 비판하는 대중강연에 나섰다. 국가의 교회 통제에 반대하고자 모인 '목사긴급동맹'에도 가입했다.* 1934년 독일 개혁교회는 바르멘에서 총회를 열어 국가의 교회 통제 문제를 논의했다. 여기서 바르트는 교회를 다스리는 분이 주님 한 분임을 천명하는 선언문을 작성했다. 이 선언은 본래 신학적 선언이었지만, 큰 반향을 불러온 정치적 성명이기도 했다.[7] 이 저항운동은 '고백교회' 운동으로 널리 알려졌고 『오늘의 신학적 실존』은 고백교회의 반反 나치 운동의 초석을 다진 지침서와도 같

---

* 1933년 유대인을 독일의 모든 공직에서 배제하는 법안이 통과되면서, 유대인 차별이 본격적으로 합법화됐다. 목사긴급동맹은 이에 맞서기 위해 마틴 니묄러Martin Niemöller를 중심으로 결성된 조직이다.

았다. 두려움을 모르는 이 격문은 수많은 목사와 교인들에게, 심지어 히틀러에게까지 전달되었다.[8]

1935년 나치 정부는 바르트를 가족, 비서와 함께 스위스로 추방했다. 두 가지 저항이 결정적인 이유였다. 바르트는 목사를 포함한 모든 공직자에게 시달된 총통 충성 서약을 거부했다. 그는 교회의 유일무이한 총통은 예수 그리스도 한 분밖에 없다고 말했다. 게다가 당시 의무였던 나치식 경례 Hitlergruss를 거부하고 항상 기도로 강의를 시작했다. 이 단순명료한 행동은 그리스도만이 주님이라는 교의적 확신에서 나왔지만, 이 확신은 엄청난 파문을 일으켰다.

제2차 세계대전 이후

1935년 바르트는 바젤 대학의 교수가 되었다. 제2차 세계대전 이후부터 냉전 시기까지, 그는 『교회교의학』을 통해 그리스도교 복음의 본질에 주목하면서도 세계의 정치 현안들에 참여하는 예언자적 면모를 드러냈다. 바르트는 정치에 깊숙이 관여했다. 그는 핵무기를 반대하고 동서독 갈등에 관해 견해를 제시하는 인기 논객이었다. 또한 지역 현안들에도 관심을 기울이고 바젤 감옥의 수감자들을 심방하며 그들을 위해 설교했다. 이 모든 일을 그는 자신의 소명으로 여겼다. 그는 유명한 말을 학생들에게 남겼다.

> 한 손에는 성서를, 다른 한 손에는 신문을 함께 읽어라![9]

바르트는 교회 일치 운동에도 적극적으로 참여했다. 1948년 네덜란드 암스테르담에서 열린 세계교회협의회WCC: World Council of Churches 개회 강연을 했고, '교회 속 여성의 삶과 사목'이란 주제의 회의도 주재했다. 1954년에는 에번스턴 에큐메니컬 총회(주제: 그리스도 - 세상의 희망)의 요청으로 유대인 문제에 관한 청원서를 작성하기도 했다. 유럽을 여행하며 다양한 전통의 그리스도교인들과 친교를 나누었고, 학생기독 운동에서 주최한 행사에도 참가했다. 1962년 그는 미국 강연에 나서게 되었는데, 마틴 루터 킹Martin L. King 목사와의 만남도 일정에 포함되어 있었다. 바르트는 그와 만나 우정을 나누었고 흑백차별 반대 운동을 지지했다. 같은 해 타임지 표지 모델이 되면서 바르트는 현존하는 그리스도교 위인의 반열에 올랐으며, 제2차 바티칸 공의회 참관인으로 초청을 받기도 했다.

1968년 바르트는 82세의 나이로 세상을 떠났다. 죽음을 맞이하기 직전까지도 그는 취리히에서 열릴 로마 가톨릭과 개신교 교인의 모임에서 이루어질 강연을 준비하고 있었다. 바젤 대성당에서 열린 추모식에는 세계 곳곳에 있는 다양한 그리스도교 교파 사절단이 참석했다. 인파가 예배당까지 이어졌고, 예배당에 들어오지 못한 사람들은 라디오 생방송을 들었다. 그는 생을 마감할 때까지 목사와 신학자로서 소임을 다했고 그리스도교 신학 거장의 반열에 올랐다. 사후 반세기가 지난 지금에서야 그의 윤리 신학이 주목을 받는다는 건 흥미로운 일이다.

크신 하느님께서
자신에게 근원적으로 고유한 자유 안에서
작은 인간의 하느님이 되시기까지
내려오시고 낮아지셨으며,

작은 인간은
하느님께서 주신 자유 안에서
크신 하느님의 인간이 되기까지
자신을 버려 헌신하셨다. ...

인간을 하느님과
그리고 하느님을 인간과 결합시키는
완전한 사랑이 발생했다.
그 사랑 안에는 두려움이 없고,
오히려 그 사랑이 모든 두려움을 내어 쫓는다.

- 『개신교신학 입문』 中

03

—

바르트의 윤리 '문제'

윤리학의 핵심 과제는 '우리는 무엇을 해야 하는가?'라는 물음에 답하는 것이다. 이 물음은 구체적 행위를 낳기 위한 심사숙고의 과정과 윤리적 판별력을 요구한다. 바르트는 이 물음을 교회 직제에 관한 강연인 '오늘날의 윤리 문제'(1922)에서 핵심 문제로 다루었다. 이 강연문에서 바르트는 그리스도인에게 중요한 물음이 '우리의 입장에서 무엇을 해야 하는가?'가 아니라 '우리를 향하신 하느님의 뜻은 무엇인가?'라는 단서를 덧붙인다.[10] 당시 그는 1차 세계대전을 지지한 스승들에게 실망한 터라 윤리에 관한 새로운 사고방식을 모색하고 있었다. 이러한 맥락에서 이 강연문은 윤리의 새로운 터를 닦는 작업의 결과물인 셈이다. 바르트는 두 가지 핵심을 말한다. 첫째, 우리는 '우리는 무엇을 해야 하는가?'라는 물음을 당연히 던져야 하나 이 물음에 대한 답은 시대에 따라 갱신되어야 한다. 둘째, 더욱 중요한 것은 그 답의 유일한 근원이 복음이라는 것이다. 그 외의 모든 시도는 예수 그리스도를 통해 계시된 하느님을 담아내지 못한다. 그는 이 강연에서 이전과는 다른 여러 변화를 보여 주었다. 여기서는 '문제'와 '오늘날'에 초점을 두고 그 전반적인 내용을 소개하고자 한다.

오늘날의 윤리 '문제'

인간은 기계가 아니라 사리를 분별하는 존재다. 따라서 윤리적인 질문은 언제나 사유의 문제가 된다. 이 물음은 단순한 지적 유희가 아니다. 인간은 물음의 과정을 거친 후에 행동한다. 즉 인간은 행동의 목표와 내용을 확인해야만 이를 실천으로 옮긴다. 보통 우리는 이 물음이 우리가 속한 현재 상황, 결단을 필요로 하는 순간과 관련이 있다고 생각한다. 따라서 우리는 묻는다. '지금 그리고 여기서'hic et nunc 우리는 무엇을 해야 하는가?' 그다음 윤리적 추론이 이어지고 행동이 나타난다. 바르트는 윤리적 문제를 다루는 강연에서 세

가지 주장을 내놓으며 이러한 통설에 이의를 제기한다.

첫째, 윤리적인 질문은 특정 상황에서 수행되는 행동의 '내용'보다 훨씬 더 심층적인 차원과 연관되어 있다. 이 질문에는 한 사람의 생애 전체가 걸려 있다.[11] 우리의 실존 전체는 순간적인 행위의 연속이다. 의도적으로 행위를 중단할 때조차 행위가 부재한 순간이란 없다. 윤리적인 질문을 던질 때는 전체 삶 안에서 윤리적 고민이 요구되는 개별적 순간을 심사숙고해야 한다. 이러한 맥락에서 바르트는 말한다.

> 삶은 행함doing을 뜻할 뿐이다. … 우리는 우리가 행하는 바와 동떨어진 삶을 절대 이해할 수 없을 것이다. 그런 삶이 있다면, 아마도 우리가 주인인 삶이 아닐 것이다.[12]

개별 행동들이 내 실존 전체를 구성한다. 다른 모든 사람도 마찬가지다. 따라서 윤리적 질문을 던질 때는 실존적 측면을 먼저 다루어야 한다. '나는 누구인가?', '내 삶은 무엇에 관한 것인가?' 그다음, 두 질문에 대한 답이 '지금 그리고 여기서' 어떻게 행동해야 할지를 인도해야 한다.

둘째, 이러한 사고의 첫 번째 결과는 실존의 위기다. 윤리적인 숙고를 요청하는 구체적인 사건들은 실존 전체에서 부분을 이루는 요소다. 논리를 이어가면, 이 부분을 이루는 사건들을 통해 삶 전체는 "남김없이 의문에 부쳐진다".[13] 윤리적인 결단은 지금 이 순간만이 아닌, 과거, 미래와 연결된 내 인격 전체의 결단이다. "따라서 그(윤리적인) 의문은 내 실존 전체를 위기에 빠뜨린다."[14] 이 의문은 피상적인 현상 너머에 있는 선, 의미, 방향, 목적을 가리킨다. 윤리적 질문에 대한 답을 찾는 가운데 우리는 무엇을 깨달을 수 있을까? 우리가 처해 있는 상황에 걸맞은 선이란 무엇일까? 삶의 참된 의미는 무엇일까? 우리는 무지할 뿐이다. 이 무지가 드러나는 것이야말로 우리 실존에 들이닥친 '위기의 실체'다. 우리는 윤리적 질문을 받는 대상에 불과하다. 이 질문의 속내도 어렴풋하게나마 짐작할 뿐이다. 아무것도 답할 수 없다. 우리에게는 도움이 필요하다.

셋째, 우리가 실존의 위기에 처해서 앎과 이해의 한계에 직면한다는 것이 암흑에 빠졌음을 뜻하지는 않는다. 바르트는 도리어 이곳에서 하느님께서 우리와 만나주신다고 말한다. 우리가 맞닥뜨린 윤리적인 문제는 근본적으로 "하느님과 우리의 관계에 관한 문제다".[15] 피조물인 우리 삶의 의미와 목적을 규정하는 분은 하느님이다. 여기서 바르트가 말하는 '창조주의 진리'는 '인간은 피조물이다'라는 진리와 상응하며 피조성은 윤리적 판별력과 연관되어 있음을 유념해야 한다.[16] 하느님과 인간은 창조주와 피조물이라는 관계를 맺고 있다. 이 관계는 벗어날 수 없는 토대다. 하느님이 창조주가 아닐 수 없고 우리는 피조물이 아닐 수 없다. 이는 선택 사항이 아니다. 다만 우리는 이 관계를 인정할 것인가 말 것인가, 이에 바탕을 둔 삶을 살 것인가 말 것인가를 선택할 수 있을 뿐이다. 우리가 피조물에 불과하다는 점, 하느님과 우리 사이에는 넘어설 수 없는 격차가 존재함을 기억하라. 이 때만 우리는 윤리적 질문에 담긴 의미를 논의할 수 있고 구체적인 답을 향한 여정으로 나아갈 수 있다.

바르트의 주장을 구분해서 살펴보긴 했지만 이는 어디까지나 논리적인 구분에 가깝다. 실제로 각 특징은 서로 긴밀하게 맞물려 움직인다. 바르트는 이러한 주장을 펼침으로써 그리스도교 윤리의 초점을 인간학, 실용주의, 상황 윤리에서 삶의 의미와 목적에 관한 총체적인 질문으로 전환하려 했다.

'오늘날'의 윤리 문제

바르트의 윤리 신학은 20세기 초에 유행하던 그리스도교 윤리 담론을 역행하는 것이었다. 바르트에 관심 있는 이들뿐만 아니라 바르트 본인도 이를 잘 알고 있었다. 당시 그리스도교 윤리에 대한 접근 방식은 헤르만과 하르낙의 자유주의 신학에 영향을 받았고 잡지「그리스도교 세계」Die Christliche Welt를 통해 대중화되었다. 시간이 흐르며 바르트는 이러한 방식이 윤리적 물음에 아무런 답도 줄 수 없다고 생각하게 되었다. 분명, 그는 당시 많은 사람이 그러하듯 제1차 세계대전 이전 자유주의 전통의 영향을 받았다. 이는 엄연한 사실이다. 바르트는 하르낙에게 그리스도교 전통과 교회가 진리를 오염시킬 수 있는 요소임을 배웠고 사랑과 보편적 인류애라는 도덕적 원리를 익혔다.[17] 헤르만에게는 칸트의 철학적 불가지론을 배웠다. 헤르만을 통해 바르트는 예수를 그리스도교 윤리의 본이자 '하느님과의 일치' – 당시 신앙의 정수로 간주한 개념 – 를 보여주는 최고의 경험적 표상으로 대할 수 있었다.[18] 그러나 1922년 바르트는 이들의 신학적 구상이 실패한 두 가지 이유를 포착했다.

첫째, 자유주의 신학의 대가들은 제1차 세계대전을 지지했다. 하르낙은 황제의 전쟁 연설문 초안 작성에도 힘을 보탰다. 바르트는 물었다. 어떻게 그리스도교 문명권인 유럽이 그토록 허망하게 정치·군사적으로 분열하고 말았는가? 군사적 갈등의 틈바구니에, 상관이 병사의 목숨을 파리 목숨처럼 여기는 곳에 사랑과 인류애가 돋아날 자리가 있는가?

자유주의 신학자들이 내세운 윤리적 원칙이 실패했다면, 전쟁의 화마로 폐허가 된 세상에서 그리스도교 윤리가 나아갈 길은 어디인가? 그는 당시의 문화적 분위기를 다음과 같이 말했다.

> 우리는 1914년에 퇴장한 세대보다 훨씬 혼란스럽고 불안하다. 오늘날 윤리에 관한 질문들에 시달리고 있으니 말이다. 파국에 이른 듯한 느낌을 지울 수가 없다.[19]

이 상실감은 옛 사고방식으로 돌아간다고 해서 극복할 수 있는 사안이 아니었다. 전혀 다른 무언가가 필요했다.

둘째, 자유주의 윤리는 근본적인 신학적 오류 위에 구축되었다. 자유주의는 19세기 후반과 20세기 초 독일 문화가 하느님의 뜻과 일치한다는 그릇된 신념에 뿌리내렸다. 바르트는 이를 인간의 지성과 이성을 중시하는 계몽주의의 유산으로 보았다. 그는 칸트가 그리스도교 윤리를 인간화했다고 비판했다.

> 칸트는 인간을 ... 도덕적 인격체, 윤리적 질문의 기원인 행위 주체로 본다. 따라서 윤리적 문제가 제기하는 일차적인

주제는 인간이다.[20]

칸트는 도덕적 인격체인 인간이 선善 의지를 본성으로 소유한다고 주장함으로써 거의 모든 윤리적 담론에서 하느님을 퇴위시켰다(기껏해야 하느님을 윤리를 위한 유용한 개념으로 여겼을 뿐이다). 이때 선은 드러내고 개발할 수 있는 하나의 자질이다. 바르트는 칸트의 입장을 받아들인 그리스도교인들이 인간의 지위를 오해하고 오판한 나머지 심각한 결과를 초래했다고 주장했다. 인간의 도덕적 능력에 대한 그릇된 신념이 자라났고, 하느님의 뜻은 고작 정치나 문화 구조로 순치馴致되었다. 이러한 맥락에서 바르트의 스승들이 전쟁을 지지한 일은 자연스러운 귀결이었다. "시대의 상상력과 아우성들이" 앞다투어 자신과 하느님의 뜻을 일치시키는 시대가 되었다.[21] 이에 바르트는 윤리적인 질문의 본질인 '실존의 위기'를 진지하게 취급할 뿐 아니라 하느님의 뜻과 인간의 뜻을 엄격하게 구분하는 윤리적 사고방식을 내세웠다.

예수 그리스도, 그리고 윤리 문제

바르트는 강연을 마무리하면서 자신의 고유한 인장印章인 그리스도론을 통해 윤리적 질문에 다시 초점을 맞춘다. 먼저 그는 다음을 상기시킨다.

> 답은 피조물이나 피조 세계 어디에도 없다. 창조주, 오직 그
> 분만이 답이다.[22]

창조주가 자신을 드러내는 곳에 피조물인 우리 삶의 의미가
드러난다. 예수 그리스도는 우리에게 창조주를 계시한다.

> 그리스도는 우리 사상이 쌓아 올린 역사적 금자탑, 참이라
> 믿을 만한 초자연적 기적이 아니다. 우리가 역사의 종국에서
> 만날 역사적 목표나 인물 혹은 종교적, 신비적 체험의 대상
> 도 아니다. 그는 인간이 되신 하느님, 말구유에 갓난아기의
> 모습으로 누워 계신 만물의 창조주다.[23]

이 말은 반反지성주의를 부추기거나 자유주의 전통에 대항
하라는 요구가 아니다. 다만 바르트는 인간이 하느님의 도움
없이도 그분의 뜻을 분별할 수 있다는 그릇된 신념을 일축했
을 따름이다. 그가 강조하고자 한 것은 우리가 윤리적인 문
제를 궁극적으로 해결할 수 없다는 것이었다. 그는 답이 있
는 곳을 가리켰다. 예수 그리스도, 그곳에서만 우리 삶의 선,

의미, 목적, 방향을 이야기할 수 있다. '참된' 인간, 온전한 인간은 예수 그리스도뿐이기 때문이다. 그에게 그리스도교 윤리의 진수란 예수 그리스도라는 현실과 씨름하는 일이었다. 그리고 이 씨름은 심사숙고를 요구한다.

세상이란 ... 예수 그리스도께서
십자가에 못 박히고 부활하신 그런 세상이다.
... 우리는 열린 눈으로 저 동터 오는 빛을 바라보아야 한다.
그것은 재림의 빛이다. 이는 특별한 은총이며,
우리는 그 은총에 대해 매일 아침 기뻐해야 한다.
진실로 인간은 그 은총을 수용할 자격이 없다.
그리스도인들은 세상의 자녀들보다 더 낫지 않다.
그러나 그리스도인들에게 문제가 되는 것은
그들의 앎을 알지 못하는 다른 사람들에게
어떤 것을 제시해야 한다는 것이다.
그리스도인들은 자신들에게 주어진
작은 빛을 밝혀야 한다.

- 『교의학 개요』 中

그분이 내게 가까이 오시고
나를 소유로 삼으실 때 ...
나는 들을 수 있고, 나는 감사하게 되고,
나는 책임을 지게 되고,
마지막으로 ... 나와 모든 인간을 위한 희망을 갖게 된다.
다른 말로 하자면 나는 그리스도교적으로 살아갈 수 있게 된다.

- 『교의학 개요』 中

04

—

교의학이 곧 윤리학이다
– 윤리에 대한 바르트의 접근

훗날 바르트는 1920년대가 자신의 윤리 신학의 터를 다진 기간이었다고 술회했다.[24] 대작 『교회교의학』은 바로 그 고민의 산물이었다.[25] 교의학이란 그리스도교 신조들의 교의적 주장을 상술하는 신학 분과를 말한다. 바르트는 『교회교의학』을 총 5부로 구성했다. 1부에서는 신학의 과제 및 방법론을 소개하고, 하느님의 말씀에 대한 그리스도 중심적 이해, 삼위일체 하느님을 향한 신앙의 토대들을 설명한다. 2부 신론에서는 하느님에 대한 인식과 선택론을 진술한다. 이어지는 3부, 4부, 5부에서는 창조자, 화해자, 구원자 순으로 하느님의 삼위일체적 계시를 다룬다.[26] 이 저작은 삼위일체론의 얼개를 갖추고 있다. 『교회교의학』을 통해 바르트는 '유일하신 하느님'의 창조·화해·구원의 활동을 설명하되 세 활동이 삼위일체 각 인격이 전유하는 속성임을 강조한다. 그렇기에 창조론에서는 아버지 하느님을, 화해론에서는 아들 하느님을, 구원론에서는 성령 하느님을 강조한다. 물론 아버지, 아들, 성령은 홀로 활동하지 않는다.[27]

바르트는 윤리학이 교의학의 범주에 들어간다고 말했다. 이는 도발적인 주장이다. 대부분의 신학자는 윤리학을 그 실천적인 속성 때문에 복잡한 신학 개념을 다루는 교의학과는 다른, 별도의 분과로 취급한다. 이러한 경향에 맞서 바르트는 단호하게 말했다.

교의학이 곧 윤리학이며, 윤리학이 곧 교의학이다.[28]

이 말에 담긴 뜻을 이해하려면 하느님의 활동이 언제나 인간의 행동에 앞선다는 점을 유념해야 한다. 하느님께서는 그리스도를 통해 우리와 화해하셨다. 그분은 이 놀라운 활동의 일차적 행위자the primary agent로 활동하셨고 장차 만물의 구속을 위해 기꺼이 활동하실 것이다. 인간은 이 하느님에게 의존한다. 생의 의미와 목적, 방향을 찾기 위해서는 그분에게 의지해야 한다. 인간의 참된 삶을 말하고 싶은가? 그렇다면 하느님을 바라보라. 그분은 누구신가? 그분은 어떻게 활동하시는가? 자신을 예수 그리스도를 통해 인간에게 보이신 참뜻은 무엇인가? 이러한 맥락에서 『교회교의학』의 모든 내용은 창조자, 화해자, 구원자 하느님에 대한 교의가 우리 삶과 인식에 미치는 영향과 관련이 있다.[29]

바르트가 하느님의 존재와 활동을 설명하는 방식은 이해하기 쉽지 않다. 바르트 신학에서 하느님의 '존재'와 그분의 '활동'은 어떠한 관계를 맺고 있는지는 오늘날 연구자들도 갑론을박을 벌이고 있다. 몇몇 신학자들은 하느님이 창조, 화해, 구원이라는 방식으로 세상을 향해 활동하길 바라셨고 이 '의지'가 하느님 자신을 변화시켰다고, 다시 말해 하느님이 영원 곧 창조 이전의 역사 중 어떤 시점에 자신을 아버지-아들-성령이라는 삼위일체적 존재 양식으로 구성하셨다고 주장한다. 이러한 관점을 지닌 학자들을 바르트 수정주의자Barth revisionist라고 부르는데, 이들은 하느님의 의지와 결단으로 하느님의 '존재'가 삼위일체적으로 구성된다고 말한다.* 이를 반대하는 학자들은 그런 주장을 일고의 가치가 없

---

* 프린스턴신학교의 브루스 맥코맥Bruce McCormack은 대표적인 바르트 수정주의자다. 같은 학교의 조지 헌싱어George Hunsinger는 이들과는 반

다면서 일축한다. 그들이 보기에 바르트는 그런 식의 주장을 한 적이 없기 때문이다. 전통적인 해석을 옹호하는 이들은 하느님의 존재가 영원한 삼위일체임을 적극적으로 옹호한다. 하느님은 본래 아버지, 아들, 성령인 삼위일체적 존재로서 창조, 화해, 구원의 역사를 통해 우리를 위해 활동하기로 결단하셨다.[30] 여기서 논쟁을 더 기술하지는 않겠다(다만 나는 후자, 전통적인 바르트 해석이 바르트 신학의 근간에 충실하다고 본다). 여기서 강조하고 싶은 것은 인간의 행동을 하느님의 활동에 상응하는 것으로 보는 바르트의 사유다.

하느님의 말 건넴: 하느님의 말씀이 곧 복음이다

바르트는 초대 교회의 전통을 이어받아 하느님만이 자신을 인간에게 드러낼 수 있다고 굳게 믿었다. 그의 계시론에는 이러한 사유가 집약되어 있다. 하느님은 피조물이 발견하고 탐구하는 대상이 될 수 없다. 하느님은 몸소 자신을 계시

대로 바르트에 대한 전통적 해석, 즉 하느님의 존재는 영원 전부터 이미 삼위일체라는 입장을 옹호한다. 전통적인 해석에 따르면 하느님의 존재 양식인 삼위일체는 하느님의 예정의 의지와 결단에 선행한다. 하느님의 존재와 의지, 삼위일체와 예정 사이에서 어디에 우선성을 둬야 하는지는 오늘날 바르트 신학계에서 가장 열띤 토론을 불러일으키는 주제다.

하며 자신에 관해 알려 준다. 바르트 신학의 모든 내용은 바로 여기에 뿌리내리고 있다. 그는 『교회교의학』 1부, '하느님 말씀에 관한 교의'에서 이를 상세하게 서술한다. 성탄절이 되면 성육신을 설명하기 위해 이따금 읽는 성서 구절인 요한의 복음서 서문 "말씀이 사람이 되셔서 우리와 함께 계셨다"(요한 1:14)를 바르트는 모든 신학의 표상으로 삼았다. 더 나아가 그는 인간의 일반적인 방식을 벗어난 하느님의 '말씀', 하느님의 '아들'이야말로 하느님의 계시가 가장 빛나는 지점이라고 주장했다.

이 구절의 속뜻을 좀 더 풀어보면, 하느님께서 그리스도 사건 곧 예수의 탄생, 공생애, 죽음, 부활, 승천이라는 역사적 이야기를 통해 인간에게 말씀하셨다_{spoken}고 할 수 있다. 이를 바르트는 하느님이 인간을 향해 몸소 말을 건네셨다고 표현한다.[31] 하느님은 역사의 정점인 그리스도 사건을 통해 활동하셨으며 인간을 향해 입을 열어 말씀하셨다. 둘은 하나다. 하느님의 말씀하심과 활동하심은 짝으로 함께 간다. 둘은 절대 분리될 수 없다. '말을 건네시다'라는 바르트의 언어는 하느님의 말씀과 활동의 역동성을 아우른다. 하느님은 아들을 보냄으로써 피조물에게 말씀하시고, 피조물을 향해 나아가시고, 피조물 곁에 서신다. 하느님의 말씀은 정적이거나 무력하지 않다. 하느님께서는 다른 피조물과 나란히 선 피조물이 되셨다. 요한의 말처럼 우리와 함께 계셨다. 그분은 우리에게 말씀하셨다.[32]

여기서 기억해야 할 것은 하느님의 '말 건넴'(은유적으로 하느님께서 인간에게 몸소 입을 열어 말씀해주시는) 그 자체가 복된 소식이라는 점이다. 하느님께서 만물에게 자기를 내어주신다는 것, 이것이 바로 복음이다. 하느님께서는 그리스도 안에서 세상을 향해 친히 발걸음을 옮기셨다. 그분의 활동을 두려워할 필요는 없다. 우리를 향한 그분의 말씀은 은총과 사랑이 담긴 말씀이며 우리를 용서하고 해방하는 말씀이다. 바르트는 이 말씀에서 만물을 향한 하느님의 놀라운 '긍정'과 선한 의도가 환히 드러났음을 발견했다.

하느님의 계명: 율법으로 다가오는 복음

그렇다면 그리스도 사건을 통해 선포된 하느님의 말씀은 인간의 현 상황status quo을 마냥 긍정하는가? 바르트가 그랬다면, 그의 스승들이 자유주의 전통이라는 미명 아래 자행한 일, 즉 하느님을 당대의 문화 안으로 순치하는 일을 되풀이하는 셈이다. 바르트는 그렇게 주장하지 않으려고 세심한 주의를 기울였다. 하느님이 모든 것을 하시므로 인간의 반응을 요구하지 않는다는 주장은 바르트의 본뜻과 무관하다. 하느님께서 그리스도를 통해 우리 곁에 오셨으므로 하느님의 말씀이 창조 세계 내부에서 메아리친다 해도 그 근원은 창조 세계 저 너머에 있다. 그곳에서 말씀은 이 세계로 불현듯 침입한다. 이 뜻밖의 말씀은 인간의 현 상황과 기존 질서의 정당성을 용인하지 않고 외려 그것이 나가야 할 바를 가리킨다. 따라서 하느님의 말씀은 곧 하느님의 계명이다. 바르트는 이 주제를 『교회교의학』 2부 신론 마지막 부분에서 다루었다. 여기서 그는 하느님이 은총과 사랑 가운데 우리 곁으로 오셨다는 복음의 본질에 집중하면서도, 인간이 하느님의 명령을 어떻게 경청하고 받아들여야 하는지 설명한다. 복음은 곧 하느님의 말씀이다. 동시에 이 말씀은 타락하고 죄에 빠진 인간을 그리스도 안에서 새로운 피조물로 불러내는 소환명령summons이다. 이제 하느님은 새로운 피조물인 우리에게 명령하신다.

> 그리스도 사건을 통해
> 우리에게 선포된 모든 것을 남김없이 수용하라. …
> 하느님의 도움에 힘입어 그분의 존재가 되어라.[33]

하느님의 계명을 경청하고 받아들이는 일은 실존적인 경험이기도 하다. 하느님의 명령을 감지하고, 듣고, 받아들이면 우리는 하느님 앞에 선 우리의 모습을 자각하게 된다. 우리는 그분의 말씀을 경청하고 받아들이는 일을 반복하여 체험한다. 우리는 매 순간 말씀을 듣고 이를 몸과 마음에 새긴다. 하느님께서는 시간과 장소를 불문하고 그리스도를 통해 인간에게 말씀하신다. 바르트는 이를 하느님께서 우리를 향해 요구하신다고도 표현한다. '요구'claim란 강력하고도 극적인 말이다. 이 말은 우리를 용서하고 자유케 하는 복음을 들으면 우리의 삶을 하느님의 요구에 따라 내려놓아야 한다는 뜻을 함축한다.[34] 퇴로는 없다. 우리의 모든 시야와 사고는 이미 하느님에게 붙잡혔고 그분을 향해 새롭게 정향되었다. 이때 우리는 어떻게 반응해야 하는가? 오직 순종, 하느님께서 그리스도를 통해 이루신 바를 인정하고 받아들이는 일뿐이다. 이 요구로 인해 복음은 우리에게 율법으로 다가온다. 우리는 하느님 곁에 있는 존재요, 그분에게 용서받는 존재다. 그분의 치유를 받고 동시에 그분의 부름을 받는 존재다. 복음은 하느님께서 펼쳐내시는 새로운 현실의 빛을 인식하고, 신뢰하고, 그 안에 살라고 요구한다. 그렇기에 순종은 율법에 대한 맹종이 아닌 하느님께서 베푸시는 사랑에 대한 화

답이다. 예수 그리스도가 동료 피조물로서 우리와 연대하며 곁에 서 있기에 우리도 능히 그분의 응답에 참여할 수 있다.

참 하느님, 참 인간: 예수 그리스도

바르트는 그리스도의 사역에 대한 전통적인 이해를 재해석했는데 이는 많은 논란을 낳았다. 그가 펼친 주장의 핵심은 '그리스도 안'이라는 장소다. '그리스도 안에서' 하느님께서는 인간에게 말씀하시고 요구하신다. 동시에 '그리스도 안에서' 하느님의 활동에 상응하는 인간의 순종이 나타난다. 바르트는 니케아 신조와 칼케돈 신조(예수 그리스도는 참 하느님이자 참 인간이다)를 터 삼아 그리스도가 참 하느님이면서 참 인간이라는 점을 모두 강조한다. 그리스도는 하느님이다. 즉 그리스도는 하느님의 말씀과 계명의 성육신이며 피조물인 인간을 향해 순종을 요구하는 분이다. 동시에 예수는 참 인간이다. 즉 그는 우리를 향한 하느님의 요구에 답하는 모든 인간을 대표한다.[35] 예수만이 죽음으로 하느님의 뜻에 순종할 수 있으며 실제 그 일을 이루었고(필립 2:8), 하느님께서는 예수를 부활시켜 그가 성취한 순종을 확증하셨다.[36]

예수 그리스도라는 고유한 인격에서 모든 것을 이해하는 방식은 설명하기가 쉽지 않아 다수의 환영을 받지 못했다.

인간의 행동과 책임을 강조하는 방식과 괴리가 있어 보이기 때문이다. 예수 그리스도가 나를 대신해 하느님의 명령에 응답한다는 말은 내 자유를 부정하고 고유한 선택을 침해하는 것처럼 보인다. 이러한 설명은 선의로 해석한다 해도 우리가 갖고 있는 고유한 선택권의 위상을 격하하는 것이 아닌가? 우리가 윤리적 판단을 할 필요가 없다면 우리가 어떠한 행동을 하든 공허한 것이 아닌가? 인간에게 진정한 행위주체성이 있다면, 하느님을 거부하고 그분의 말씀에 귀를 막을 자유뿐만 아니라 그분의 계명에 불복할 자유 또한 갖고 있어야 하는 것 아닌가?[37] 이러한 사고방식은 인간의 행위주체성을 인간이 스스로 방향을 설정하는 것과 동일시하는 근대적 이해와 잘 어울린다. 그러나 '오늘날의 윤리 문제' 이후 바르트는 피조물인 인간이 창조주의 계획과 의지를 완성할 수 있다는 모든 생각을 깊이 의심하게 되었다. 놀라운 일은 아니다. 그에게 있어 죄의 본질은 하느님을 등지고 자신을 의지하는 것이기 때문이다.

바르트는 자기 지향성self-orientation 대신 전혀 다른 윤리적 현실성으로 새로운 윤리의 토대를 마련했다. 그 토대란 하느님께서 예수 그리스도를 중심으로, 예수 그리스도를 둘러싼 창조 세계를 다시금 조정하고 방향을 새로이 한다는 점이다.

예수 그리스도는 하느님께 죽기까지 순종했다. 이 순종은 다른 모든 인간 피조물이 하느님께 순종하는 토대가 된다. 예수 그리스도는 새 질서의 첫 사람이 되고(골로 1:15), 우리는 믿음으로 이 질서에 참여한다(2고린 5:17). 이제 새 질서는 우리가 행할 바를 알려 주고 구체적으로 형성해준다(필립 2:5, 히브 12:1). 하느님께서 그리스도를 중심으로 창조 세계를 갱신한다면, 인간의 행위는 어떤 특징과 역할을 지닐까? 이를 설명하기 위해 바르트는 '책임' 개념을 사용한다. 다만 언제나 그렇듯, 바르트는 '책임' 개념을 쓸 때도 교의학의 색채를 입힌다.

우리가 무엇을 해야 하는가? ...
우리는 하느님께서 주신 은총에 상응하는 일을 해야 한다.

- 『교회교의학』 中

05

다시 생각해 본 인간의 책임

안타까움을 담은 말이든 부정적인 의미든 책임을 다룬 이론들은 이제는 낡았다는 목소리가 심심치 않게 나온다. 하지만 '책임'이라는 말 자체가 퇴색한 것은 아니다.[38] 현대 윤리 담론에서 통용되고 있는 책임은, 특정 행동에 대한 회고적인 반성, 즉 특정 행동에 관한 해명과 관련이 있다. 이러한 통념은 영어 'respond'의 어원인 라틴어 'respondere'의 본뜻, 곧 '철저한 검토 아래' 대답한다는 것과 잘 어울린다.

그러나 바르트는 책임을 그러한 방식으로 생각하지 않았다.[39] 앞서 언급했듯이, 그리스도 사건은 인간을 향해 하느님께서 말씀을 건네시는 사건이자 요구하는 사건인 동시에 인

간을 대표해 그리스도께서 하느님의 계명에 순종한 사건이
다. 이를 바탕으로 바르트가 사용한 '책임'의 의미를 헤아려
본다면 적어도 개인이 스스로 하느님에게 응답하는 것은 아
니다. 인간 예수의 탄생, 공생애, 죽음, 부활, 승천을 통해 인
간의 상황은 그 실체를 남김없이 드러냈다. 예수는 우리의
동료로서 하느님에게 순종했고, 바로 이 순종을 통해 하느님
께서는 죄로 얼룩진 우리를 선하게 바꾸셨다. 현실은 근본적
인 변화를 맞이했고, 우리의 실존은 전혀 다른 옷을 입게 되
었다.[40] 그렇다면 인간 행위의 적절한 위치는 어디인가? 예
수 그리스도가 우리를 대신한다면 윤리의 자리는 어떻게 마
련될 수 있을까? 답은 책임 개념의 재구성에 있다. 믿음과 세
례를 통해(로마 5~6장), 그리스도인, 곧 '그리스도 안에' 있는
자(로마 8:1, 갈라 1:22, 에페 4:32, 2고린 5:17)는 복음의 터에 뿌리
내린 새로운 삶을 산다. 즉 우리는 하느님이 그리스도 안에
서 말씀하셨다는 것을 신뢰할 뿐 아니라 이 말씀을 진리로
믿고 행동한다. 바르트가 주장하는 책임이란, 하느님께서 그
리스도 안에서 먼저 보이신 말씀과 행동에 기초해 장차 일어
날 일을 전망하며 결단하는 것이다. 이를 바르트는 다음과
같은 문장으로 표현한다.

부활하신 주님의 음성을 들을 때,

비로소 우리는 책임을 지는 존재가 된다.[41]

바꾸어 말하면 우리는 그리스도 안에 있는 하느님의 말씀을 일차적으로 듣고, 계명의 형식을 띤 하느님의 요구와 마주친다. 바로 이를 통해, 하느님의 요구가 우리를 책임지는 존재로 세운다. 그러나 우리는 죄 때문에 우리 힘으로는 하느님에게 순종할 수 없다. 대신 우리는 책임지는 삶을 통해, 예수 그리스도의 대리적 응답representative answer에 참여한다.[42] 그 삶은 죄와 사망을 이기고 부활하신 그리스도의 빛 안에서 살아가는 것이다. 이러한 삶을 살아가는 가운데 사망을 이기고 부활하신 주님의 음성이 들려온다. 우리는 주님처럼 사는 법을 배우며, 기꺼이 순종한 그분의 결단을 본받아 모든 의사를 결정한다.[43] 이 삶의 방식이 '우리는 무엇을 해야 하는가?'라는 윤리적 물음에 대한 답을 말해준다. 그 답이란 그리스도를 중심으로 구축된 새로운 현실the new Christ-centered reality이다.[44] 옛것은 지나갔고, 새것이 나타났다(2고린 5:17). 이 모든 일이 신앙을 통해 사건이 되고, 성서와 신조에 의해 형성되고 알려진다.

교의와 윤리

　그렇다면 관건은 믿음의 의미를 담아낸 교의의 내용이 실제 행동으로 등장하는 지점이다. 하느님, 세상, 우리 자신에 관한 신앙 고백은 우리 삶을 어떤 모습으로 빚어내는가? 교의의 형식적 기능은 우리에게 어떤 현실성을 말해준다는 점에 있다. 이 현실성은 인간 예수의 탄생, 공생애, 죽음, 부활, 승천이라는 '역사적 현실성', 그리고 만유의 의미, 목적, 방향이 그리스도 안에서(골로 1:16) 새롭게 정립되었다는 '우주적 현실성'을 모두 가리킨다. 둘은 동전의 양면과 같다. 역사적 현실성이든 우주적 현실성이든 교의는 단순히 종교적 이야기를 하는 게 아니라 비록 희미할지라도 우리 앞에 펼쳐진 새로운 현실을 그려낸다. 교의는 이 새로운 현실을 간결하고 압축된 언어로 담아낸다.[45] 그러므로 바르트는 말한다.

> 책임에 대한 생각은 … 우리에게 인간의 상황을 정확히 규정해 준다.[46]

교의는 우리를 이 상황 속으로 밀어 넣는다. 따라서 "인간이 된다는 것은 책임을 지는 데 있다."[47] 그리스도인은 이 변화된 상황을 인식하고 진리로 여긴다. 그리스도 안에서 우리는 하느님의 말씀, 요구, 계명의 대상이 되었다는 복음의 새로운 현실을 수용하고 그에 상응하는 결단과 행동을 보여야 한다. 우리는 예수 그리스도를 하느님께 순종한 참 인간의 전형이자 으뜸가는 본으로 신뢰하고 그를 닮기 위해 분투한다.

윤리의 지형도

바르트는 대부분의 윤리학자와 달리 우리가 구체적으로 어떻게 행동해야 하는지 명시하지는 않았다. 『교회교의학』에서 전쟁 윤리를 비롯한 여러 특수한 윤리 문제를 다루지만, 이 문제들은 어디까지나 하위 범주에 속한다. 그는 윤리학 입문서 대신 윤리학에 대한 신학적 지형도를 남겼다. 바르트는 하느님의 뜻을 참칭하거나 그분의 뜻을 몇몇 도덕적 원리와 인과관계의 틀 속에 가두는 일을 거부했다.[48] 인간을 향해 말씀하시는 하느님은 자유로운 분이기에 그 말씀도 자유롭다. 우리는 그 자유의 말씀을 경청하고 수용한다. 우리가 그분의 말씀을 온전히 들었다면 그 말씀에 따라 무언가를 행한다. 그러나 들음에서 행함으로 진일보할 때는 판별력discernment이 필요하다. 최소한의 판별력이 없다면 하느님의 뜻을 동시대의 문화적 관습으로 곡해하기 마련이다. 교의학에서 판별력은 자기 검증self-examination을 뜻한다. 즉 우리는 듣고 행하기 전에 물어야 한다. '그리스도 안에 있는 존재로서 나는 무엇을 해야 하는가?' '우리가 그리스도의 교회에서 창조자, 화해자, 구원자 하느님을 인식한다면, 그리스도의 교회라는 우리의 정체성에 걸맞은 행동은 무엇일까?' 우리는 자기 검증을 바탕으로 한 행동이 무엇인지 그 내실을 정확히 판단해야 한다. 바르트는 윤리적 지형의 세세한 경로를 그리기보다는 몇 가지 굵직한 방향을 가리켰다. 이 방향으로 나아간다면, 하느님과 올바른 관계를 다지고 판별력을 키워 그분의 말씀에 맞게 행동할 수 있으리라고 그는 믿었다.

판별력 키우기

『교회교의학』 3부 창조론 끝에서 바르트는 안식일 준수, 신앙고백, 기도라는 세 가지 방향을 제시하고 이 행위 양식이 윤리적 판별력을 어떻게 키워주는지를 다룬다. 간략하게 그 내용을 진술하면 우리는 안식일, 고백, 기도를 통해 일상에서 통용되는 생활양식을 중단하고 삶의 방향을 하느님께 맞춘다. 안식일 규정 준수, 고백, 기도는 우리 본성에 자리 잡고 있는 자기 집착을 벗어나게 해준다. 안식일 규정을 준수하면, 일상을 멈춰 선 구별된 시간 안에서 우리는 하느님 앞에 선 존재임을 자각한다.[49] 이 시간, 하느님께서 우리에게 계명으로 주신 이 선물은 우리를 더 선하게 빚어주시는 시간이다(출애 20:8). 바르트에게 '고백'은 단순한 증언이 아니다. 우리는 신앙 고백을 통해 만인 앞에서 입술로 하느님을 찬미하고 타인에게 입술로 예수를 전하는 복음의 증언자가 된다. 이 고백은 우리가 그리스도의 백성일 뿐 아니라 하느님이 만물의 창조주라는 진리를 일깨워준다.[50] 또한 기도함으로써 우리의 모든 가식과 허울은 벗겨지고 우리 존재의 연약함은 민낯을 드러낸다. 기도라는 행위에는 하느님은 기만할 수 없는 분이라는 고백 또한 내포되어 있기 때문이다. 그러나 우리는 연약함을 아랑곳하지 않고 정직하게, 이전에는 없었던 담대함을 갖고 기도할 수 있다. 하느님께서 먼저 우리의 기도를 요청하시고 먼저 우리의 기도를 받아주시기 때문이다.[51] 연약함을 깨달은 우리는 이제 우리를 향한 하느님의 목적을 향해 나아간다.

'우리는 무엇을 해야 하는가?'라는 물음에 안식일 준수, 신앙고백, 기도가 결정적인 답을 주지는 않는다. 그렇지만 세 행위는 그리스도인의 핵심 지표로서 그리스도인이 하느님의 말씀을 듣고, 응답하고, 실천하도록 힘을 불어 넣어준다. 하느님께서는 당신의 아들을 통해 이 세상에 놀라운 역사를 보여주셨다. 이 역사를 예배, 기도, 증언을 통해 일상의 자리에서 몸과 마음에 새긴다고 상상해보라. 우리는 무엇이 적절하고 책임 있는 행위인지를 알게 될 것이다. 우리는 무엇을 해야 하냐는 물음에 바르트는 각 상황에 걸맞은 다양한 답이 가능함을 인정한다. 하지만 더 중요한 것은 하느님께서 우리를 책임을 지는 행위자로 부르신다는 것이다. 우리는 그리스도교 신앙의 심장, 그리스도가 중심이 되는 현실에 우리의 일거수일투족을 맞추어야 한다. 하느님의 계명에 기꺼이 순종한 예수의 행동을 따라 저 현실에 참여해야 한다.

교회는 사람들에게
우리가 하느님을 위하여 인간적인 존재로 있을 수 있으며,
비인간성이 절망의 힘으로 공격해 오는 것에
저항해야 한다고 말해 주어야 한다.

- 『한 스위스인의 목소리』 中

나에게 어떤 관심사라는 것이 있다면,
그것은 모든 것에서, 모든 것을 무릅쓰고
그리스도론이라는 실마리를 단단히 붙잡는 것이다. ...
나는 새로운 영역에서도 계속해서 그것을 단단히 붙잡으려고 한다.
나의 그런 모습을 못마땅해하는 사람에게 나는 묻고 싶다.
그리스도교 신학자가 선한 양심과 기쁜 마음으로
무조건 매달릴 만한 것이 있다면,
그것은 그 어떤 경우에도 일차적으로 또한 궁극적으로
'오직 그리스도'를 숙고하는 것 말고 다른 게 있는가?

- 『교회교의학』中

06

바르트 윤리 신학이 가르쳐 주는 점

바르트 윤리학이 특정 행동 규범을 제시하지 않는다 해도 행동의 중요성을 간과하는 것은 아니다. 그가 진행했던 윤리적 추론은 행동을 위한 필수적인 예비 행위였다. 그는 그리스도교 고유의 윤리적 추론이 살아있는 윤리 원칙을 제시하고자 했다. 또 하나 기억해야 할 것은 그가 평생에 걸쳐 전쟁 및 무기에 관한 윤리부터 교육, 정치, 교회법에 이르기까지 다양한 시사 현안에 적극적으로 개입했다는 점이다. 지난 사반세기 동안 생명 윤리,[52] 전쟁,[53] 아동 인권,[54] 포스트모더니즘,[55] 정치,[56] 공공 담론,[57] 해방,[58] 낙태[59] 등 다양한 화두가 그리스도교 담론의 장에 등장했다. 많은 학자가 바르트의 논의를 바탕으로 이러한 문제에 그리스도인이 어떻게 응답해야 할지 고민하고 있다. 이러한 면에서 바르트는 여전히 동시대적 이슈에 참여하는 시사 논객이다. 2008년 프린스턴신학교는 바르트 윤리학에 대한 국제 컨퍼런스를 개최했는데 전쟁, 민주주의, 범죄와 처벌, 경제, 인간의 행위, 자유의 의미 등 다양한 주제를 다뤘다.[60] 이러한 사실은 교의학을 윤리적으로 실행할 가능성이 있음을 보여준다. 바르트가 이 논의에 얼마나 공헌을 했는지는 여전히 진행형인 문제다. 이제는 바르트 윤리학이 갖는 의의를 서너 가지로 정리하겠다. 물론 이 논의에는 추가적인 연구가 필요하다.

첫째, 그리스도인은 '우리는 무엇을 해야 하는가?'라는 윤리적 물음을 던져야 한다. 좀 더 엄밀하게 말하면 그리스도인은 복음을 믿는 이로서 이 물음을 던져야 한다. 시류를 벗어난 주장처럼 들린다 할지라도 바르트가 남긴 이 신학적 유산은 여전히 호소력을 갖고 있다. 그리스도교 윤리학자들이 신앙의 사회적 측면 못지않게 신학적 측면이 얼마나 중요한지 되새길 수 있기 때문이다. 19세기 자유주의 윤리학이 옛 신조를 낡은 역사적 유물로 치부하는 바람에 신조의 위상은 땅에 떨어졌고 교의는 철 지난 골동품 취급을 받았다. 바르트는 신조와 교의에서 그리스도인의 정체성을 부여하는 핵심 조건을 새롭게 발견했다. 한 사람이 그리스도인이 된다는 것, 그 놀라운 일은 하느님과 세상에 대한 특수하고도 새로운 현실을 신뢰할 때 이루어진다. 성서는 그 사실을 우리에게 일러준다. 우리가 윤리적인 고민과 추론에 참여하는 한, 우리는 그리스도인으로 존재하기를 멈출 수 없다.

둘째, 그리스도인이 윤리적 추론을 통해 공공 영역에 참여하고 이를 중시하는 것은 건전한 사고방식이다. 바르트 윤리학에 대한 초기 비판은 그의 신학적 내용이 공공 영역으로 전환될 수 없다는 것이었다. 비판자들은 그의 교의적 색채가 너무 강하기 때문에 공공 영역에서 주목하고 활용할 중립적인 개념이 없다고 말했다. 하지만 최근에는 이러한 비판이 잘못되었음을 인정하는 학자들이 늘고 있다. 공공 영역도 중립적이지 않을 뿐 아니라 섣부른 신학적 변용으로 인해 그리스도교 신앙이 오용될 수 있음을 깨달았기 때문이다. 물론 바르트의 노선을 따르되 그의 제안을 수정하려는 시도도 있다. 대표적인 예로, 그리스도의 '참된' 인간성을 '보편적' 인간성으로 보고, 예수의 삶과 활동을 현시대의 문화적 표상으로 세우려는 시도가 그 예다. 바르트 신학을 교회라는 틀에 가두지 않고, 그의 윤리적 존재론을 바탕으로 창조 세계의 의미를 분석하려는 시도도 있다. 이러한 시도를 하는 학자는 창조 세계 전체의 의미를 통해 하느님이 누구이며, 하느님이 무엇을 행하셨는지를 폭넓게 증언할 수 있다고 생각한다. 이렇듯 바르트 윤리에 관한 여러 담론은 선교와 복음 전파를 위한 창조적인 공간으로 활용할 수 있고,『교회교의학』3부 4권에 나오는 신앙고백으로 발전될 만한 잠재력도 갖고 있다.

셋째, 교의는 단순히 인식의 동의가 필요한 규범적 진술을 넘어선다. 교의는 복음의 성문화成文化된 형식이요, 어제나 오늘이나 영원토록 듣고 받아들여야 할 하느님의 말씀(예수 그리스도 안에서 선포된 하느님의 말씀)을 인간의 언어로 담아낸 진술이다. 교의는 세상과 비할 수 없는 참된 현실성을 해명해준다. 교의는 그리스도인에게 도전한다. 이때 그리스도인은 교의를 삶에서 어떻게 체화해야 할지를 진지하게 고민해야 한다(특히 교의학의 관점을 진지하게 고려해야 한다). 교의는 교회적 관심을 넘어서 일상의 자리까지 침투해야 한다.

마지막으로 바르트는 윤리적 추론은 반드시 구체적인 행동을 낳는다고 믿었다. 보편적인 차원의 선한 삶과 그 특징에 관해서도 자세히 설명했지만, 그의 통찰은 근본적으로 삶의 자리에서 고군분투하는 그리스도인을 위한 것이었다. 바르트는 실천적인 적용을 늘 염두에 두면서 윤리 담론에 참여했다. 구체적 행동을 겨냥한 바르트의 윤리학적 이해방식과 적용방식은 여전히 많은 유익을 가져다준다. 윤리학은 실제 삶을 다루는 학문이다. 우리는 하느님 앞에서 그분이 주신 책임을 다하며 살아가는가? 그리스도교 윤리학은 그러한 실제 삶을 다룬다. 바르트의 윤리 신학은 오늘날 문화적 풍조에 휩쓸리고 있는 우리가 되새겨야 할 귀한 가르침을 선사한다. 이는 하느님께서 우리가 윤리적 추론을 철저히 거쳤는가를 기준으로 판단하지 않고 삶의 자리에서 동료 인간에게 끼친 영향을 기준으로 판단하신다는 것이다. 그분은 예수 그리스도 안에서 사랑과 은총으로 만인에게 복음을 선포하신 분이다. 바르트는 우리가 그러한 복음을 몸으로 살아내라고 격려한다.

바르트의 신학은 여전히 새로운 상상력을 포착하고 우리가 나아갈 길을 열어 준다. 그 길이란 '우리가 무엇을 해야 하는가'라는 윤리적인 물음을 복음의 빛으로 조명하는 것이다.

믿음 안에 굳게 서서 맞서 싸운다는 것은 ...
외부의 어떤 위협이 아니라 ...
행동으로 하느님을 부인하게 만드는 유혹이다.
그러므로 맞서 싸운다는 것은 ...
하느님을 진지하고 기쁘게 믿고,
그분을 증언하려는 소박한 자세이다.
그것이 우리의 사명이다.

- 『독일 민주주의 공화국의 어느 목사에게 보내는 편지』 中

07

—

더 읽어 보기

칼 바르트의 저작

Evangelical Theology: An Introduction(Grand Rapids, MI: Eerdmans, 1992). 『개신
교 신학 입문』(복있는 사람 역간)

　1962년 바르트가 미국에서 진행한 강연을 출간한 저작이
다. 바르트는 이 책이 자신의 저작에 입문하는데 가장 좋은
저작이라고 인정했다. 『교회교의학』(대한기독교서회 역간), 『교
의학 개요』(복있는사람 역간)와 맥을 같이 하는 저작이다.

*The Faith of the Church: A Commentary on the Apostle's Creed, Gabriel
Vahanian(trans)*(Eugene, OR: Wipf and Stock, 2006). 『칼 바르트가 읽은 주의 기

도, 사도신조』(다산글방 역간)

1940년대 스위스 트래버스 목회자 컨퍼런스에서 사도신조에 대해 여섯 번의 강의를 했는데 이 원고를 묶어낸 책이다. 바르트 신학의 얼개와 교회 전통과의 관계를 이해하는데 단연 으뜸인 책이다.

The Holy Spirit and the Christian Life: The Theological Foundation of Ethics(Louisville, KY: Westminster John Knox Press, 1993).

1929년에 목회자와 신학생을 위한 평생교육 컨퍼런스에서 한 강연을 현대적 언어로 옮긴 책이다. 여기서 바르트는 삼위일체, 윤리와의 관계성 안에서 성령론을 다루고 있다.

The Word of God and Theology, Amy Marga(trans)(London: T&T Clark, 2011). 『말씀과 신학: 칼 바르트 논문집 I』(대한기독교서회 역간)

이 책 3장에서 언급된 논문을 비롯해 성서, 신학, 윤리학 등 다방면의 논문을 묶어낸 논문집(1924)을 새로이 번역한 책이다. 이 책에 수록된 논문에는 바르트 후기 교의학에서 만개할 싹이 움트고 있다는 점에서 큰 의의를 지닌다.*

---

* 한국어 역본에는 몇몇 논문이 빠져 있다.

중요 참고도서

Eberhardt Busch, *The Great Passion: An Introduction to Karl Barth's Theology* (Grand Rapids, MI: Eerdmans, 2004). 『위대한 열정: 칼 바르트 신학 해설』(새물결플러스 역간)

바르트의 학생이자 조교 출신인 저자가 바르트 신학을 다방면에 걸쳐 쉽게 안내해준다. 각 장은 간략한 절들로 짜여 있고 간혹 등장하는 긴 절들은 개관을 담고 있어서 단숨에 읽을 수 있다. 여러 주제를 망라한 입문서다.

Gary Dorrien, *The Barthian Revolution in Modern Theology: Theology without Weapons*(Louisville, KY: Westminster John Know Press, 2000).

큰 틀에서 바르트 신학이 20세기에서 차지하는 비중을 명쾌하게 해명한 책이다. 아울러 21세기에도 이어질 바르르 신학의 비중에 관해서도 설명한다. 도리엔은 바르트가 참전한 신학적 전장戰場에 대한 상세한 해설을 덧붙였다. 바르트와 그의 신학이 왜 중요할까? 이 질문을 이해하려는 사람들에게 실제적인 도움을 줄 것이다.

George Hunsinger, *How to Read Karl Barth*(Oxford University Press, 1991).

이 책은 『교회교의학』에 접근할 수 있는 여섯 개의 핵심

적인 해석학적 주제를 다룬다. 바르트 신학 해석의 대가답게
『교회교의학』 전체를 꿰뚫는 통찰을 보여준다. 읽는 데 인내
심이 필요하겠지만 보답은 클 것이다.

John Webster, *Karl Barth*(London: Continuum, 2004).

영어권에서 웹스터는 가장 뛰어난 바르트 신학 해석가 중
한 명으로 꼽힌다. 이 책은 바르트를 독학하는 독자들의 구
미를 당기는 책이다. 바르트 신학의 주요한 특징, 신학적 의
의와 영향력의 폭에 관해서도 큰 도움을 줄 것이다.

바르트 윤리학에 관한 중요 참고도서

David Clough, *Ethics in Crisis: Interpreting Barth's Ethics*(Aldershot: Ashgate, 2005)

바르트 윤리학의 두 핵심 주제인 '위기'와 '변증법'을 면밀
히 탐색한 책. 그의 윤리 신학에는 이 두 개념이 시종일관 나
타나며 초기 『로마서 강해』와 후기 『교회교의학』에도 고스
란히 드러난다. 하느님을 중심에 두는 윤리 신학이 왜 오늘
날에도 중요할까? 생생한 문체로 이 질문을 이해하도록 독
자들을 돕는다.

David Haddorff, *Christian Ethics as Witness: Barth's Ethics for a World at Risk*(Eugene, OR: Cascade, 2010)

포스트모던 사회는 불확실성의 시대다. 하도르프는 포스트모던 사회 속에서 바르트 윤리학이 감당할 역할을 설명한다. 그리스도의 빛을 신뢰하며 살아가는 그리스도인은 혼란과 위험으로 점철된 이 세계에서 하느님을 증언한다. 분량이 길고 곳곳마다 상세한 설명이 가득하지만, 그리스도교 윤리학이 동시대적인 면모를 갖춰야 할 이유를 잘 보여 준다.

Gerald Mckenny, *The Analogy of Grace: Karl Barth's Moral Theology*(Oxford University Press, 2010)

방대한 분량만큼 다양한 주제를 망라한 책이다. '은총의 유비'라는 바르트 신학의 주요 개념으로 신학 전체를 해석한다. 맥케니의 주장에 따르면, 그리스도교 윤리는 단순히 '그리스도처럼 행동하고자' 각고의 노력을 다하는 사람들을 다루는 것이 아니다. 그는 우리를 불러 선을 행하게 하신 하느님이 우리가 행해야 할 선을 가능하게 하실 뿐만 아니라 직접 성취하신다고 주장한다.

Daniel Migliore(ed), *Commanding Grace: Studies in Karl Barth's Ethics*(Grand

Rapids, MI: Eerdmans, 2010)

　　이 논문 모음집은 바르트가 다룬 중요한 윤리 이슈들을 다룬다. 대표적으로 전쟁, 정치, 정의, 경제, 인간의 행위주체성 등이 있다. 이곳에 수록된 논문은 바르트의 통찰에 대해 만장일치를 이루진 않는다. 그러나 바르트를 그리스도교 윤리를 위한 중요한 대화의 파트너로 두는 데는 이견이 없다.

Paul Nimmo, *Being in Action: The Theological Shape of Barth's Ethical Vision*(London: T&T Clark, 2007)

　　니모는 바르트 윤리학의 신학적 구조를 이해하고자 하는 이들에게 큰 도움을 준다. 인간의 행위주체성과 그 중요성, 그리고 바르트가 전개한 인간의 행위주체성에 대해 자세히 설명한다. 그러한 주제와 관련된 질문에 관심을 두고 있는 이는 큰 도움을 받을 수 있다.

John Webster, *Barth's Moral Theology: Human Action in Barth's Thought*(Grand

Rapids, Mi: Eerdmans, 1998)

　　바르트의 윤리 신학을 인간의 행위 및 그 행위 안에 담긴

의미와 관련해서 해명하고 있는 논문 모음집이다. 웹스터는
바르트 사상을 가장 잘 안내해주는 해설자다.

    바르트 연구센터(www.kbarth.org) 역시 이 작은 책의 틈을 메
우고 더 깊은 연구로 안내해 줄 것이다.

| 주석 |

1 Robert Willis, *The Ethics of Karl Barth* (Leiden: Brill, 1971).

2 Robin Lovin, *Christian Faith and Public Choices: The Social Ethics of Barth, Brunner, and Bonhoeffer* (Philadelphia: Fortress Press, 1984).

3 Eberhard Busch, *Karl Barth: His Life from Letters and Autobiographical Texts* (London: SCM, 1975), p.31. 『칼 바르트 - 20세기 신학의 교부, 시대 위에 우뚝 솟은 신학자』(복 있는 사람 역간)

4 Eberhard Busch, *op cit*, p.46.

5 Eberhard Busch, *op cit*, p.81.

6 Eberhard Busch, *op cit*, p.81.

7 다음을 참조하라 Eberhard Busch, *The Barmen Theses Then and Now* (Grand Rapids, MI: Eerdmans, 2010). * 바르멘 신학선언 전문은 다음에서 확인할 수 있다. 『편안한 침묵보다는 불편한 외침을』(새물결플러스 역간), pp.196~200.

8 『오늘의 신학적 실존』은 1934년 7월 독일에서 금서로 지정되어 유통된 37,000부가 전량 폐기되었다.

9 'Theologians: Barth in Retirement,' *Time Magazine*, 31 May 1963.

10 Karl Barth, 'The Problem of Ethics Today' in his *The Word of God and Theology*, Amy Marga (trans) (London: T and T Clark, 2011), pp.131~169.

11 Karl Barth, 'The Problem of Ethics Today,' *op cit*, p.136.

12 Karl Barth, 'The Problem of Ethics Today,' *op cit*, p.138.

13 Karl Barth, 'The Problem of Ethics Today,' *op cit*, p 137.

14 Karl Barth, 'The Problem of Ethics Today,' *op cit*, p 138.

15 Karl Barth, 'The Problem of Ethics Today,' *op cit*, p. 158.

16 Karl Barth, 'The Problem of Ethics Today,' *op cit*, p. 144.

17 하르낙이 1899~1900년에 베를린에서 행한 공개 강연 *What is Christianity?* (London: Williams and Norgate, 1904)는 여러 차례 번역 출판되었다. 하느님 사랑과 이웃 사랑이 그리스도교의 본질이란 결론이 유명하다. 『기독교의 본질』(한들출판사 역간)

18 다음을 보라 Wilhelm Hermann, *The Communion of the Christian with God* (London: Williams and Norgate, 1906).

19 Karl Barth, 'The Problem of Ethics Today,' *op cit*, p. 140.

20 Karl Barth, 'The Problem of Ethics Today,' *op cit*, p. 147.

21 Karl Barth, 'The Problem of Ethics Today,' *op cit*, p. 145.

22 Karl Barth, 'The Problem of Ethics Today,' *op cit*, p. 162.

23 Karl Barth, 'The Problem of Ethics Today,' *op cit*, p. 169.

24 바르트는 자신의 신학의 발전 과정에는 세 번의 변곡점이 있다고 말한다. 그의 자전적 고백이 다음의 책에 잘 담겨 있다. Karl Barth, *How I Changed My Mind* (Edinburgh: The St Andrews Press, 1969). 『바르트 사상의 변화』(대한기독교서회 역간)

25 Karl Barth, *The Church Dogmatics*, 13-part volumes (Edinburgh: T and T Clark, 1936~1975). 학자들은 대개 CD라는 약어를 쓴다. 뒤에 표시된 것은 '부'volume와 '권'part을 말한다. 가령 CD II/1은 『교회교의학』 2부 1권 신론을 말한다.

26 애석하게도 바르트는 『교회교의학』 5부 구원론을 집필하기 전에 세상을 떠났다. 하지만 1부 1권 서문에서 5부를 언급했기에 우리는 그의 원래 기획한 구성에 대해 알 수 있다. 다음을 보라 CD I/1, p. xvi.

27 바르트는 분명 옛 교리인 페리코레시스perichoresis(삼위일체 각 인격의 상호 침투 혹은 상호내재)라는 옛 교리를 수용했다. 다시 말해, 삼위일체의 각 인격인 아버지, 아들, 성령의 순서는 구분해서 사고되고 논의될 뿐 서로 분리된 존재가 아니다.

28 CD I/2, p.793.

29 바르트는 각 부의 끝에 그가 말하는 '특수한 윤리학'을 다룬다. 이 말은 윤리가 특수한 교의의 영역 내에서 위치해 있음을 말해주는 것이다. 예를 들어, 교회교의학 3부 창조론의 틀 속에 위치한 윤리학은 창조의 교의 속에서 창조론적 윤리를 다룬다. 이러한 기획에 대한 바르트의 요약을 보려면, 다음을 참조하라. CD I/1, pp.xvi~xvii.

30 여전히 진행중인 어려운 논쟁이다. 이 사고방식을 옹호하는 대표적인 인물은 조지 헌싱어다. 그의 생각을 보려면 다음 책을 참조하라. George Hunsinger, *Reading Barth with Charity* (Grand Rapids, MI: Baker, 2015).

31 CD I/1, pp.125~186.

32 이를 가리켜 바르트는 "하느님의 말씀이 곧 하느님의 활동이다"라고 썼다. CD I/1, p.143.

33 CD II/2, p.548.

34 CD II/2, p.511.

35 바르트 그리스도론을 이해하기 위한 자료로 다음을 참조하라. George Hunsinger, 'Karl Barth's Christology: Its Basic Chalcedonian Character' in his *Disruptive Grace: Studies in the Theology of Karl Barth* (Grand Rapids, MI: Eerdmans, 2000), pp.131~147.

36 자세한 설명을 보려면 다음을 보라. CD II/2, pp.7~10.

37 바르트 윤리학에 관한 이러한 방식의 가장 고전적인 대표자는 로버트 윌리스다. 다음을 보라. Robert Willis, *The Ethics of Karl Barth* (Leiden: Brill,

1971).

38 다음을 보라. William Schweizer, *Responsibility and Christian Ethics* (Cambridge University Press, 1995).

39 몇몇 학자들은 '책임' 개념에 대한 바르트의 접근법이 지나치게 신학적이라는 이유를 들어 비판적인 자세를 취해 왔다. 다음을 참조하라. Albert Jensen, *Responsibility in Modern Religious Ethics* (Washington, DC: Corpus, 1968).

40 대표적인 바르트 연구자로 꼽히는 존 웹스터는 그의 책 *The Ethics of Reconciliation* (Cambridge University Press, 1995)에서 이 세계의 존재론을 그리스도의 성육신에 입각해 다루고 있다. 이 주제는 아치볼드 스펜서Archibald Spencer가 그의 책 *Clearing a Space for Human Action: Ethical Ontology in the Theology of Karl Barth* (New York: Peter Lang, 2003)에서 더욱 상세하게 진술했다.

41 CD II/2, p.761.

42 이 주제에 관한 이해를 돕는 책이 있다. Adam Neder, *Participation in Christ: An Entry in to Karl Barth's Church Dogmatics* (Louisville, KY: Westminster John Knox Press, 2009).

43 바르트 윤리학에서 유비 개념의 역할을 자세히 알고 싶다면 다음을 보라. Gerald McKenny, *The Analogy of Grace: Karl Barth's Moral Theology* (Oxford University Press, 2010).

44 CD II/2, p.660.

45 이 내용을 요약해 주는 개괄적 설명을 보려면 다음을 참조하라. Christopher R. J. Holmes, *Ethics in the Presence of Christ* (London: T and T Clark, 2011).

46 CD II/2, p.641.

47 CD III/2, p.175.

48 나이젤 비거Nigel Biggar가 자신의 초기 저작 *The Hastening That Waits* (Oxford: Clarendon, 1993)에서 바르트를 결의론적 틀에 맞추려 했던 점은 흥미롭다. 그러나 비거는 이런 시도가 바르트의 신학을 전면적으로 수정하는 것임을 알게 되었다. 그의 논문 'Karl Barth's Ethics Revisited'는 다음 책에 수록되어 있다. Daniel Migliore (ed), *Commanding Grace: Studies in Karl Barth's Ethics* (Grand Rapids, MI: Eerdmans, 2010), pp. 26~49.

49 CD III/4, pp. 48~50.

50 CD III/4, p. 78.

51 CD III/4, p. 97.

52 다음을 보라. Neil Messer, *Respecting Life: Theology and Bioethics* (London: SCM, 2011).

53 David Clough, 'Fighting at the Command of God: Reassessing the Borderline Case in Karl Barth's Account of War in the Church Dogmatics' in John McDowell and Mike Higton (eds), *Conversing with Barth* (Aldershot: Ashgate, 2004).

54 다음을 보라. William Werpehowski, 'Reading Karl Barth on Children' in Marcia J Bunge (ed), *The Child in Christian Thought* (Grand Rapids, MI: Eerdmans, 2001), pp. 386~405.

55 다음을 보라. David Haddorff, *Christian Ethics as Witness: Barth's Ethics for a World at Risk* (Eugene, OR: Cascade, 2010).

56 다음을 보라. Frank Jehle, *Ever Against the Stream: The Politics of Karl Barth* (Grand Rapids, MI: Eerdmans, 2002). 『편안한 침묵보다는 불편한 외침을』(새물결플러스 역간)

57 다음을 보라. Nigel Biggar, *Behaving in Public: How to do Christian Ethics* (Grand Rapids, MI: Eerdmans, 2011).

58 다음을 보라. Timothy Gorringe, *Karl Barth Against Hegemony* (Oxford University Press, 1999).

59 낙태에 관해서는 많은 사람이 언급하고 있다. 다음을 보라. Michael Banner, *Christian Ethics and Contemporary Moral Problems* (Cambridge University Press, 1999).

60 이 컨퍼런스에서 발표된 글은 책으로도 출판되었다. Daniel Migliore (ed), *Commanding Grace: Studies in Karl Barth's Ethics* (Grand Rapids, MI: Eerdmans, 2010).

좋은 신학자는 이데올로기와 원칙과
방법의 건물에 살지 않는다.
그는 모든 건물을 두루 찾아다니되
결국에는 다시 밖으로 나오는 사람이다.
그는 언제나 길을 가는 사람이다.
- 『칼 바르트』 中

　　칼 바르트는 한 마디로 규정하기 어려운 사람이다. 수만 쪽의 신학 관련 글을 남겼지만 짧은 설교 원고 하나를 완성하기 위해 골머리를 앓았다. 교수였지만 교수자격시험을 치기는커녕 박사 학위를 받지도 않은 목사였으며 신학 담론의 장에서는 매서운 기세로 반대자와 격론을 벌인 사람이었지만 현실에서는 감옥에 있는 죄수들을 위해 감옥에 찾아가 성찬례를 집전하고 설교하는 사람이었다. 하느님에 관해 허다한 말을 했지만 궁극적으로 인간은 그분을 형언할 수 없다고 고백했던 사람이기도 하다.

　　그가 남긴 두꺼운 저작들을 보면 연구실에 틀어박힌 채

고담준론에만 관심을 가졌던, 어떤 면에서는 고루한 학자를 떠올릴지도 모른다. 그러나 실제 역사에서 그는 당대 시사 현안에 적극적으로 의견을 개진했던 정치 논객이었으며 무엇보다 본회퍼Dietrich Bonhoeffer와 더불어 국가사회주의에 맞서 교회의 자유와 예수 그리스도의 주되심을 위해 투쟁했던 인물이었다. 동시에 엄혹한 시대 상황에서도 연극, 모차르트의 음악, 도로시 세이어즈Dorothy Sayers의 추리 소설을 즐기던 교양인이기도 했다.

그의 학문적인 순례기를 살펴보더라도 마찬가지다. 보수적인 아버지의 뜻을 어기고 자유주의 신학의 대가들 아래 수학했지만, 문제점을 발견한 뒤에는 곧장 다른 길로 나아갔다. 이후 여러 동료와 함께 '변증법적 신학 운동'에 앞장섰지만, 동료들과 정치적인 견해나 신학적인 견해가 다를 때는 세력을 유지하기 위해 타협을 하기보다 과감하게 결별하는 방식을 택했다. 그는 한곳에 머무는 사람이 아니었으며 늘 무언가를 배우고, 늘 어딘가로 나아가던 사람이었다. 바르트가 신학자를 규정하면서 꺼낸 말은 다른 누구보다 바르트 본인이 어떤 사람이었는지를 가장 잘 드러낸다.

> 좋은 신학자는 이데올로기와 원칙과 방법의 건물에 살지 않
> 는다. 그는 모든 건물을 두루 찾아다니되 결국에는 다시 밖
> 으로 나오는 사람이다. 그는 언제나 길을 가는 사람이다.
>
> -『칼 바르트』中

바르트는 마티아스 그뤼네발트Matthias Grünewald가 그린 이
젠하임 제단화를 좋아했는데, 이 그림에 나오는 세례 요한은
우리에게 바르트가 어떤 사람이었는지 잘 보여준다. 제단화
속에서 십자가에 달린 그리스도를 힘써 가리키는 세례 요한
처럼 바르트는 학교, 교회, 사회, 세계에 관해 이야기할 때마
다 예수 그리스도를 중심에 두고 증언했다. 그가 쓴 신학 저
작들은 교의학의 모든 주제를 망라할 만큼 방대하지만 그 안
에 담긴 내용은 '예수 그리스도 안에서 하느님께서 말씀하셨
다'라는 단순한 고백에 뿌리내리고 있었다. 1962년 타임지는
바르트를 표지 기사로 다루면서 그를 '그리스도에 취한 사
람'Christ-intoxicated man이라 불렀다. 이 말 이면에는 그리스도교
의 다양한 교의를 그리스도론으로 환원해 버린다는 삐딱한
시선이 반영되어 있지만 정작 바르트는 이 표현을 싫어하지
않았다. 생애 마지막 공식 대담에서 그는 말했다.

제가 신학자로서, 또 정치가로서 입에 담아야 하는 마지막 말은 '은총'이라는 개념이 아니라 예수 그리스도, 바로 그분의 이름이겠지요. 그는 은총이며, 세계와 교회 그리고 신학으로 다 담을 수 없는 궁극적인 분입니다. 우리는 그분을 '가두어 둘 수' 없습니다. 그러나 우리는 그와 관계를 맺고 있습니다. 제가 긴 생애 동안 노력한 것은 점진적으로 이 이름을 드높이는 것이었습니다. 바로 거기에! … 이 이름 외에는 구원을 얻을 이름이 없습니다. 거기에 은총이 있습니다. 거기에 노동을 위한, 투쟁을 위한, 또한 공동체와 이웃을 위한 추진력이 있습니다. 거기에 연약하고 아둔한 제 삶이 시도했던 모든 것이 있습니다. -『마지막 증언들』中

바르트는 셀 수 없을 만큼 방대한 글을 남겼다. 20세기의 신학대전이라 불리는『교회교의학』은 거의 만 쪽에 달하고, 지금도 80권으로 기획된 수만 쪽 분량의 전집Karl Barth: Gesamtausgabe이 계속해서 나오고 있다. 바르트는 장정을 두른 책으로 거대한 풍광을 이룬 산이다. 이곳에 단숨에 오르는 것은 불가능하다. 여기에는 몇몇 중요한 강연문과 저서를 선별해서 시간순으로 배치한 뒤 바르트의 신학이 어떻게 변화하고 무르익어 가는지를 찬찬히 살펴보려 한다.『교회교의학』은 따로 구조와 내용을 살펴볼 것이다. 바르트 신학의 윤곽을 선명하게 보여주는 몇몇 한국어 저작도 소개하도록 하겠다.

칼 바르트의 논문 및 저서

1. 「성서 안에 있는 새로운 세계」(1917), 『말씀과 신학』, 오영석 옮김, 대한기독교서회, 1995.

성서의 내용을 이루는 것은 하느님에 대한 인간의 생각이 아니며, 여러 인간 군상에 대한 인간의 사고가 아니며, 인간에 대한 하느님의 사고이다. 성서는 '어떻게 우리가 하느님과 말할 것인가'를 우리에게 가르치는 것이 아니고, '그가 우리에게 무엇을 말하는가'를 가르친다. '어떻게 우리가 그에게로 가는 길을 발견할 것인가'를 가르치는 것이 아니라, '어떻게 그가 우리에 대한 길을 찾고, 그리고 발견했는가'를 가르친다. 우리가 그에 대해서 우리 자신을 세우지 아니하면 안 되는 바른 관계를 가르치는 것이 아니고, 그가 아브라함의 영적인 자녀들인 모든 사람과 맺는 계약, 그리고 그가 예수 그리스도 안에서 단번에 보증한 그 계약을 가르친다. 성

서 안에 있는 것은 바로 이것이다. 하느님의 말씀이 성서 안
에 살아있다. - 본문 中

칼 바르트는 자펜빌이란 스위스의 작은 마을에서 목회자
로 10년의 세월을 보낸다. 이 시기 그는 사목 현장에서 씨름
하면서 신학적 사유를 전개하는 열정적인 목회자였다. 특히
1910년대 중반은 바르트의 사상이 자유주의 신학과 결별하
는, '첫 번째 신학적 회심'이 일어난 변곡점이라 할 수 있다.
바르트는 이전까지 자신의 사상에 심대한 영향력을 끼쳤던
자유주의 신학, 종교사회주의 노선과 다른 길을 간다.

제1차 세계대전이 발발하자 바르트가 사숙했던 신학의
은사들은 황제 빌헬름 2세의 전쟁을 지지하는 93인 선언에
이름을 올렸다. 독일의 사회주의 진영도 국가주의 노선에 포
섭당하면서 전쟁 지지 선언에 동참했다. 바르트는 전쟁 이데
올로기에 포섭당한 스승들의 윤리적 파산을 목격하면서 참
담함을 느꼈다. 종교사회주의는 바르트에게 하느님 나라의
사회적 차원에 대한 시야를 열어주었지만 하느님 나라의 '이
미'로 '아직'을 잠식하는 우를 범했고, 인간의 운명과 구원에
관한 물음에 설득력 있는 답을 주지 못했다. 한 사람의 목사
이자 설교가로서 바르트는 파탄에 이른 신학과 정치적 신념

에 기반을 두고서는 더 이상 설교와 사목 활동을 이어나갈 수 없다고 생각했다. 새로운 길을 찾기 위해 그는 사목 활동을 하는 가운데 시간을 내 성서 연구에 매진했다. 그리고 그 깊은 곳에서 길어 올린 통찰을 작은 공책에 옮겨 적었다. 그렇게 그는 성서 안에 있는 새로운 세계로 들어가기 위해 성서의 '문'을 두드렸다.

'성서 안에 있는 새로운 세계'에서 그는 질문한다. "성서 안에 무엇이 있는가? 성서가 문인 집은 도대체 어떤 곳인가?" 그리고 스스로 답한다. 성서는 성서 속 다양한 인간 군상과 관련된 도덕적 교훈, 이데올로기, 역사적 지식을 얻는 곳이 아니라, 그들에게 들이닥친 하느님을 새로운 세계로 발견하는 곳이다. 역사로 불현듯 침투해 들어온 하느님의 오심, 그것이야말로 성서의 세계가 세상의 세계와 질적으로 다른 이유다. 바르트는 이 성서의 세계를 인간의 역사로 돌입해 들어온 "새롭고", "신비스러운" 세계로 규정하고, 그 정점에서 '하느님의 생명과 부활의 능력'을 이야기한다.

스승들이 변절한 직후인 1915년 초부터 이미 바르트는 인간이 아닌 하느님을 성서와 신학의 주제라 생각하고 있었다. 1915년에 열린 강연 '전쟁 시기와 하느님 나라'에서 그는 훗날 유명해진 말을 남겼다.

세상은 세상이다. 그러나 하느님은 하느님이다.

'성서 안에 있는 새로운 세계'는 제1차 세계대전 이후 성서로 회심한 바르트의 모습을 확연하게 보여준다. 본래 이 글은 친구인 투르나이젠의 교회에서 열린 평신도를 위한 강연 원고다. 성서를 다룬 논문이지만 성서 본문을 특정 비평 방식을 활용해 해부하는 이른바 '성서학' 논문이 아니다. 좀 더 나아가 반론을 검증하며 치밀한 논증으로 명제를 증명하는 일반 논문의 성격도 찾아보기 어렵다. 질문을 곳곳에 배치한 뒤 답을 전개하는 문답식 구조, 글 전체를 수놓고 있는 수사법과 어조는 엄밀한 학술 논문보다는 설교 원고, 신학적 에세이로 읽히게 만든다.

바르트는 이 강연문을 기점으로 성서 '겉'을 두르고 있는 문자, 역사, 문화, 윤리가 아닌 성서 '안'에서 여전히 우리에게 말씀하는 하느님을 신학과 설교의 대상으로 삼았다. 그렇게 그는 전과는 확연하게 달라진 모습으로 공적 신학의 장에 첫발을 디뎠다.

2. 「사회 안에서의 그리스도인」(1919), 『의인과 성화』, 전경연 옮김, 대한기독교서회, 1994.

> 하느님의 나라는 우리가 저항 운동에 뛰어든다고 해서 시작
> 되지 않는다. 그분의 나라는 모든 기존 질서보다 앞서는 혁
> 명이며, 모든 혁명을 앞서는 유일한 혁명이다. - 본문 中

　1918년 무렵 독일을 비롯한 유럽은 혼란스러웠다. 1차 세
계대전이 끝났고 독일에 바이마르 공화국이 들어섰지만, 정
치 환경은 더욱 불안했고, 경제마저도 인플레이션으로 허덕
였다. 스위스에서는 1918년부터 1919년까지 대규모 파업이
발생했다. 유럽 전역에서 여러 정치 노선이 격돌하면서 사회
주의 혁명의 기운이 드세게 번져가고 있었다. 바르트는 당시
사회주의 진영에 몸을 담고 있었고 노동조합에 가입해 활동
중이었는데, 사회주의 진영이 폭력을 통해 혁명을 완수하려
는 볼셰비즘 노선에 경도되는 모습을 목격하기도 했다. 이런
혼돈의 시대에 바르트는 세상에서 이루어지는 운동 방식과
다르면서도 세상보다 더 급진적인 하느님의 운동 방식을 설
명해야 했다. 그리스도인의 정체성을 온전히 보전하면서도
사회를 변혁하는 방법은 없을까? 그 정체성에서 비롯한 사

회 변혁의 방식은 무엇일까? 그것은 세상이 추구하는 변화와 어떻게 달라야 하는가? '사회 안에서의 그리스도인'은 이러한 고민의 산물이다.

'사회 안에서의 그리스도인'은 바르트의 대표적인 초기 강연문으로 보통 '탐바흐' 강연문으로 불린다. 바르트는 1919년 탐바흐 지역 탄넨베르크에서 열린 종교사회주의 협의회에서 이 강연문을 발표했다. 여기서 그는 그리스도인이 사회적 가치에 대한 철저한 반명제 역할을 해야 한다고 주장한다. 그가 볼 때, 그리스도의 나라, 하느님의 나라는 각 정치 진영이 매진하고 있는 사회 변혁 운동과는 질적으로 다르다. 하느님은 '위로부터' 인간 역사의 내부로 돌파해 들어와 자신의 나라와 예수 그리스도의 부활 사건으로 세상의 모든 사회 변혁의 운동을 심판대 위에 세우기 때문이다. 따라서 그리스도인은 이 세상 내부에서 발생하는 '아래로부터'의 정치적 운동에서 벗어나야 한다. 하느님 나라와 예수 그리스도의 부활에 대한 진지한 고민이 없는 곳에서 하느님의 말씀과 활동은 정치 이데올로기로 환원되고, 복음은 당대의 정치, 문화, 종교와 이종 교배되어 유사 그리스도교를 낳을 뿐이다 (문화-그리스도교). 그는 이러한 현상에 우려를 표하며 예수 그리스도의 부활처럼 '수직적인 위로부터 아래로의 운동'에 동참하는 일이야말로 당대의 그리스도인이 되새겨야 하는 첫 번째 원칙임을 힘주어 말한다.

이 세상 한가운데 하느님의 운동이 시작되면 세상의 정치 운동은 상대화되고 그 한계를 드러낸다. 하지만 세상의 변혁을 도모하는 모든 정치 운동이 무가치한 것은 아니다. 바르트는 이 지점에서 세상을 변혁하려는 여러 운동이 "신적인 것"의 유비가 될 수 있다는 긍정적인 전망을 내놓는다. 하느님의 나라와 그리스도의 부활에서 등장한 하느님의 활동, 곧 "하느님의 혁명"이 역사 내부에서 사건화함으로써 다른 변혁 사건을 추동하기 때문이다. 다만 하느님의 혁명은 종말론적 정점을 향해 나아갈 뿐, 특정 정치 이데올로기로 환원되지 않는다. 이러한 맥락에서 바르트는 그리스도인이 예수의 부활과 하느님 나라의 운동에 힘입어 자신의 실존적 위치인 '사회'에서 변화를 끌어내야 한다고 말한다.

강연의 여파는 상당했다. 어떤 이는 강연을 듣자 분개한 나머지 강연장을 떠났고, 어떤 이는 남아서 찬사를 보냈다. 이 강연을 기점으로 라가츠Leonhard Ragaz를 대표로 하는 종교 사회주의 진영과는 점점 멀어졌지만 대신 새로운 인사들과 친분을 맺었다. 그리고 이를 통해 그는 독일 학계로 점점 더 깊이 들어가게 되었다.

3. 「성서적 질문, 통찰과 전망」(1920), 『말씀과 신학』, 이신건 옮김, 대한기독교서회, 1995.

> 성서는 무엇을 제공하는가? … 본래 성서가 무엇을 제공하는지 전혀 질문될 수 없다. 성서는 이미 우리에게 제공해주었다. 하느님에 대한 앎 때문에 우리의 앎도 계속될 수 있다. 우리는 그 앎의 밖에 있지 않고 안에 있다. 하느님에 대한 앎은 우리가 세상의 역사를 해석하기 위해 선택하거나 거부하는 가능성이 아니다. 그분에 대한 앎은 우리가 지혜롭든지 평범하든지 어리석든지, 해석을 시도할 때마다 이미 출발점으로 삼는 전제다. - 본문 中

1920년 자펜빌이 속한 아라우 지역에서 청년 그리스도교인을 위해 컨퍼런스가 열렸다. '성서적 질문, 통찰과 전망'은 이 강연의 원고다. 탐바흐 강연 이후 바르트는 고가르텐 Friedrich Gogarten을 비롯한 많은 신학자와 교류를 이어나갔고, 칸트, 플라톤, 키에르케고어, 오버베크Franz Overbeck에 대한 연구를 통해 신학적 사고를 심화했다. '성서 안의 새로운 세계'에서 성서를 인간이 아닌 하느님의 이야기로 만나게 된 '발견의 기쁨'에 집중한다면 이 강연문에서 바르트는 성서의 주권자인 하느님이 성서를 통해 우리에게 무엇을 제공하는지를 살핀다.

여기서 그는 성서는 우리에게 무엇을 제공하느냐는 물음을 던진 뒤 성서에는 "하느님에 대한 올바른 인식"이 담겨 있다고 주장한다. 참된 그리스도인은 성서가 무엇을 제공해 주냐고 묻기 전에 성서가 품고 있는 답을 구해야 한다. 성서에 하느님에 대한 올바른 앎이 있기에 우리는 "격렬히 찾고, 구하고, 두드리는 것"으로써 실존적인 이유를 증명해야 한다.

융엘Eberhardt Jüngel은 '물음에 대한 대답의 우선성'이야말로 바르트의 모든 신학 저작을 관통하는 핵심 신학 원리라고 평하면서 이 강연문에서 성서의 대답이 인간의 물음에 우선한다는 원칙이 최초로 등장한다고 말한 바 있다. 실제로 이 강연문에서 우리는 성서에 대한 숙고를 바탕으로 바르트가 자기 신학의 그림을 점점 더 구체화하고 있음을 살필 수 있다. 매끈하게 정돈된 글은 아니지만 『로마서 강해』 2판에 다시금 등장해 바르트 신학을 대표하는 용어가 된 표현들 – 종교, 전적 타자, 미지의 하느님, 그분 앞에 선 인간 인식의 무력함, 하느님의 부정과 심판, 하느님의 긍정과 구원 – 이 강연문 곳곳에 들어있다. 이러한 표현들은 바르트가 그리스도교 종말론의 관점에서 자신의 신학을 재구성하고 있음을 잘 드러낸다. 이와 관련해 그는 말했다.

> 우리는 하느님의 인식 안에 있다. 이것은 성서가 말하는 마
> 지막에 대한 인식을 말한다. 이것이 우리가 유래하는 전제이
> 다. 그러나 모든 사람이 이것, 즉 그들의 '근원'을 망각했다.
> … 십자가에서 일어난 죽음의 죽임 당함에서, 그 죽음에서
> 생명이 나온다.

이 강연문에는 마티아스 그뤼네발트의 이젠하임 제단화
에 대한 바르트의 감상이 자세히 나온다. 제단화 속 세례 요
한은 유독 긴 검지로 십자가에 달린 예수 그리스도를 가리킨
다. 그 손 뒤로 라틴어 성서의 한 구절이 적혀 있다.

> 그는 흥하여야 하겠고 나는 쇠하여야 하리라 하니라.
>
> (요한 3:30)

바르트는 그리스도를 힘써 가리키는 세례 요한의 긴 손
가락에서 신학이 나아가야 할 길과 목적을 보았다. 바르트
는 이 그림을 평생 사랑했고, 책상 정면에 이 그림을 걸어 두
었다. 그리스도교 성현들의 글과 씨름하다가 고개를 들면 늘

이 그림이 바르트를 내려다보고 있었다. 바르트의 제자인 갓세이J. D. Godsey는 이 그림을 이해한다면 바르트 신학의 심장을 본 것이라고 말한 바 있다.

> 그뤼네발트의 세례자의 가리키는 손을 따라가며 바라볼 모험을 감행할 것인가? 우리는 그 손이 어디를 가리키는지를 안다. 바로 그리스도를 가리키고 있다. 우리는 그분이 십자가에 달린 그리스도란 점을 즉각 덧붙여야 한다. 저 손이 말한다. 바로 이분이다! - 본문 中

4. 『로마서 강해』 2판(1922), 조남홍 옮김, 한들출판사, 1997.*

> 내가 하나의 '체계'라고 하는 것을 갖고 있다면, 그것은 키에르케고어가 시간과 영원 사이의 '무한한 질적 차이'der unendliche qualitative Unterschied라고 부른 것이다. 그러나 나는 '하느님은 하늘에 계시고 너는 땅 위에 있다'는 말씀의 부정적 의미와 긍정적인 의미를 함께 염두에 두고 있다. 내게 그러한 하느님과 인간의 관계, 그러한 인간과 하느님의 관계는

---

* 『로마서』라는 제목으로 복 있는 사람에서 출간될 예정이다.

성서의 주제요 철학의 본질이다. 철학자들은 이것을 인간 인식의 위기die Krisis, '제1원인'der Ursprung이라고 부른다. 성서는 똑같은 갈림길에서 예수 그리스도의 형상을 바라본다.

- 서문 中

『로마서 강해』 2판은 1919년에 나온 『로마서 강해』 1판을 개작한 책이다. 그는 1916년 무렵부터 바울로 신학에 관한 서적을 탐독하면서 성서 본문을 주석하는 일에 힘썼고 2년이라는 시간을 투여한 끝에 1918년 겨울 무렵 초고를 완성했다. 당시 이 초고에 관심을 가진 출판사는 없었다. 바르트는 독일 학계에서 존재감이 미미했고, 박사 학위도 없는 무명의 스위스 목사에 불과했기 때문이다. 그러던 와중 사업가인 페스탈로치Rudolf Pestalozzi가 비용을 대준 덕분에 『로마서 강해』 1판이 1919년에 출판되었다. 1판은 나름의 주목을 받았고, 이 책 덕분에 그는 미국 장로교의 후원을 받아 괴팅겐 대학의 개혁신학 교수가 되었다. 그러나 공부가 진전될수록 바르트는 1판을 대폭 수정할 필요를 느꼈다. 1판에는 "여전히 구름이 잔뜩 낀 것 같은 사변적인 형태"가 남아 있었기 때문이다. 하느님을 이 세계에서 발견할 수 있다는 긍정적인 확신도 남아 있었고, 하느님의 활동과 인간의 행동을 유기적으로 연결해 설명하는 바람에 하느님과 세계와의 관계도 다소 낙관적으로 제시되어 있었다. 결국 그는 "돌 하나도 남김없이" 로마인들에게 보낸 편지를 새롭게 주석하기로 마음먹었다.

1판을 출판한 이후 바르트는 동생 하인리히의 도움으로 플라톤을 새롭게 읽었고, 친구 투르나이젠과 함께 도스토예프스키 소설을 접하면서 죄인인 인간의 역설적인 운명에 대한 통찰을 얻었다. 오버베크의 저작을 통해서는 모든 세속사를 초월하는 '원 역사'Ur-geschichte 개념을 배웠고, 키에르케고어의 저작을 통해서는 진리의 '역설', '시간과 영원의 변증법'을 익혔다. 이 모든 것을 그는 새로운 주석에 활용했다. 또한 1판 출판 이후 2년 남짓한 시간 동안 바울로 서신들을 꾸준히 읽으며 얻은 생각들을 반영했다. 훗날 서문에서 그는 자신감 넘치는 말투로 바울로에 "관한" 분석을 한 것이 아니라 바울로와 "함께" 주석을 했다며 『로마서 강해』 2판에 관해 자평했다.

이 방대한 책을 시작하기 전에 기억해야 할 구절은 바르트도 인용한 바 있는 전도서의 구절이다.

하느님은 하늘에 계시고 너는 땅에 있다. (전도서 5:1 혹은 5:2)

바르트는 이 하느님을 "미지의 하느님", "신적 익명성", "절대 타자"라는 용어로 설명한다. 그는 하느님을 인간의 종교, 문화, 역사, 경험으로 환원할 수 없는 분으로 묘사함으로써 하느님의 존재론적 위상을 복원한다. 동시에 인간의 자리에서 하느님을 발견하려는 모든 철학적, 인간학적 토대를 삭제한다. 하느님은 인간의 역사, 심리, 문화 속에서 당신과 직접 닿으려는 시도에 부정Nein을 선포하신 분이며, 드러나지 않는 미지의 하느님이다. 이성, 도덕, 종교, 문화와 같은 인간의 가시적인 가치들은 '불가시적인' 하느님 앞에서 필연적으로 "꺾임"을 당하며 '위기'에 내몰린다. 인간의 도덕적 선행이나 종교적인 열심도 자신을 종교적으로 고양하려는 불온한 욕망에 불과하며 자기만족이라는 우상을 향할 뿐이다. 이 모든 것은 그럴듯한 종교 언어로 포장되어 있지만, 실상 하느님이라 불리는 하느님이지 않은 것들, 곧 하느님을 참칭하는 것에 불과하다. 그는 로마인들에게 보낸 편지를 주해함으로써 그간 익숙했던 하느님에 관한 모든 언어와 생각을 괄호로 묶는다. 그다음 하느님의 심판과 위기 속에서 성서의 의미와 신학의 길을 새롭게 진술한다.

인간이 하느님을 인식할 수 없고, 꺾이고, 위기에 내몰린다면 인간에게 남은 건 묵시적인 파멸뿐인가? 그렇지 않다.

미지의 하느님, 전적 타자, 숨어계신 하느님이 예수 그리스도 안에서 역사의 시공간으로 돌파해 들어오신다. 이때 인간이 하느님을 알 수 있는 유일한 가능성이 발생한다.

> 예수 그리스도 안에서 우리는 진리를 발견하고 깨달았다. 이것은 하느님이 어느 곳에서나 발견될 수 있다는 진리이자, 예수 그리스도 전후의 모든 인간이 예수 그리스도에 의해서 발견되었다는 진리이다.

물론 예수 그리스도 안에서 하느님과 인간이 만난다고 하더라도 하느님은 하느님으로 남고 인간은 인간으로 남는다. 바르트는 이 관계를 "원을 스치는 접선"이라고 표현함으로써 하느님의 타자성을 보존하면서도 인간과의 접점을 동시에 말한다. 하느님의 영원과 인간의 시간, 하느님의 계시와 인간의 문화 및 종교는 무한한 질적 차이를 지니지만, 하느님은 스스로를 인간과 다르게 구분하시면서도 인간을 만나주실 수 있다. 이 세계는 세계로, 인간은 인간으로 남아 있다. 하느님께서는 인간적인 차원으로 환원되거나 격하되지 않으면서도 인간에게 자신의 은총과 심판을 드러내실 수 있다. 하느님을 인식할 수 없는 인간이 하느님을 인식할 수 있게 되는 가능성은 결국 "불가능한 가능성", 곧 하느님의 가능성이다.

　로마인들에게 보낸 편지와 발맞추어 나가며 한 단어, 한 구절을 잘게 나누어 주해한다는 점에서 분명 『로마서 강해』는 성서주석서다. 그러나 이 주석에서는 기존 성서학의 주석 결과물은 뒷전으로 밀려나고, 대신 바르트가 본문에서 얻은 영감과 통찰이 전면을 장악하고 있다. 그러한 면에서 이 저작은 흔히 알고 있는 성서주석서보다는 격정적인 설교문이나 신학적인 에세이처럼 다가온다. 곳곳에 방점과 느낌표가 가득하고 문체는 과잉되며 되풀이되어 등장하는 문장도 많아 글의 논지를 정확하게 파악하기가 쉽지는 않다. 바르트 연구자인 케네스 옥스_{Kenneth Oakes}는 독자들에게 한 단어, 한 문장에 매이지 말고 글 전반을 감싸고도는 리듬을 느껴보라고 제안한다. 그에 따르면, 바르트는 이 저작에서 하느님을 "가깝고 멀리 계시며, 지금 이 곳에 계시면서도 부재하시며, 알려진 분이자 숨어 계신 분, 또한 결코 범접할 수 없는 분이자, 인간 육체의 동등함을 취하는 분"으로 그리려 애쓴다. 하느님에 대한 부정-긍정, 시간-영원, 문화 및 종교(율법)-계시가 대조를 이루며 만들어내는 리듬과 그 리듬이 빚어내는 메시지를 파악하는 게 이 난해한 저작을 파악하기 위한 가장 좋은 방법이다.

바르트의 신학 방법론에 관심이 많은 독자라면 책의 서문을 공들여 읽을 필요가 있다. 이 저작은 신학 서적 중 가장 긴 서문이 담긴 책이라 해도 과언은 아니다(게르하르트 에벨링 Gerhardt Ebeling은 『로마서 강해』 서문만으로 한 학기 동안 성서 해석학 세미나를 진행했을 정도다). 특히 각 판 서문에는 성서 해석에 관한 다채로운 논쟁과 이야기가 담겨 있다. 역사비평과 성서 영감에 관한 격론(2판 서문, 1921), 본문의 문자와 심층적 정신에 관해 불트만과 나눈 대화, 그리고 성서 해석의 참된 기준에 대한 바르트의 생각(3판 서문, 1922), 로마 가톨릭 학자인 프르시와라Erich Przywara와 엥게르트Josef Engert의 반응에 대한 소회(4판 1924), 로마서 2판의 한계에 대한 바르트 자신의 생각(6판 서문은 한들 출판사 판에는 없고 복있는 사람 판에 수록될 예정이다)을 보면 바르트가 성서를 어떻게 읽었는지 잘 알 수 있다. 서문을 정독하는 것만으로도 20세기 초 주요 신학 논쟁에 대한 얼개를 잡을 수 있는 셈이다.

오늘날 신학자들은 『로마서 강해』를 이견의 여지가 없는 20세기 신학사에서 가장 중요한 저작 중 하나로 꼽는다. 바르트는 이 한 권의 책을 통해 당대의 지배적인 신학 사조였던 자유주의 신학에 도전하는 새로운 신학 운동의 기수가 되었다. 그리고 이 한 권을 기점으로 바르트의 스승들이 몸담은 자유주의 신학의 위세는 약해졌다. 삽시간에 바르트는 독일 신학계의 유명인사가 되었다. 그만큼 그는 자신의 신학을 이전보다 더 체계적이고 일관된 방식으로 전개해야 할 책임 또한 짊어지게 되었다. 이후 그가 쓴 저작들은 모두 이러한 책임 의식의 소산이다.

5. 「신학의 과제로서 하나님의 말씀」(1922), 『말씀과 신학』, 전경연 옮김, 대한기독교서회, 1995.

우리는 신학자로서 하느님에 관해 말해야 한다. 그러나 우리는 인간이기에 하느님에 관해 말할 수 없다. 우리는 이 두 가지, 곧 우리의 당위와 무능을 알고 있고, 바로 그래서 하느님께 영광을 돌려야 한다.

이 방법(변증법적 방법)은 한편으로는 하느님에 대한 사고, 다른 한편으로는 인간적인 모든 것에 대한 비판을 진지하면서도 적극적으로 수행한다. 그러나 둘을 따로 분리해서 고려하지 않으며, 둘의 공통의 전제인 살아있는 진리, 곧 명료하게 명명될 수 없지만 둘 사이에 자리 잡고 있어서 둘 모두에게 의미와 해석을 부여해 주는 그 진리를 끊임없이 가리킨다. 바로 이 지점에서 놀라운 사실에 대한 통찰이 생긴다. 그 사실은 하느님에 관한 진술의 참됨을 규정하는 살아있는 진리란 참 하느님이 인간이 되신다는 사실에 있다. - 본문 中

『로마서 강해』 2판이 베스트셀러가 되면서 바르트는 일약 유명 인사가 되었다. 동시에 그는 신학적 논쟁의 당사자가 되었고 자신이 속한 '변증법적 신학 운동'을 향한 숱한 물음과 비판에 대해 일관되고 체계적인 방법으로 답해야 했다. 1922년 그는 엘게스부르그에서 세 번에 걸쳐 자신의 변증법적 신학 방법론을 제시하는 강연을 한다. 이 강연에 쓰인 '신학의 과제로서 하느님의 말씀'은 바르트의 변증법적 신학을 가장 잘 보여주는 강연문으로 평가받는다.

『로마서 강해』 2판을 통해 인간이 하느님을 인식하고 언명하는 일에 무력하다는 점을 주장했다면 이 강연에서 바르트는 이러한 주장으로 인해 발생한 딜레마를 극복하려 한다. 하느님을 알지도 못하는 인간, 하느님의 '아니오' 앞에 선 인간이 어떻게 하느님의 말씀을 선포할 수 있을까? 바르트는 이 딜레마를 벗어나기 위한 신학적 시도를 세 가지 관점으로 나누고 평가한다.

첫 번째 시도는 정통주의로 대표되는 교의주의$_{\text{dogmatism}}$다. 이 방법은 하느님을 객관적인 학문의 대상으로 간주한다는 점에서 대상에 충실해 보이지만, 자칫 하느님에 대한 인간의 설명과 하느님의 존재를 일치시키는 우를 범할 수 있다. 이러한 방법론을 고수한다면 하느님의 말씀을 받아들이고 해석해야 할 과제가 축소될 수 있다.

두 번째 시도는 자기비판을 중심으로 하는 신비주의 방식이다. 이 방식은 자기를 철저하게 부정함으로써 하느님과 인간의 존재론적 격차를 유지할 수 있다. 그러나 바르트는 자기를 끊임없이 비판하고 성찰하는 종교적 경건성만으로는 하느님의 계시를 담아낼 수 없다고 주장한다.

두 시도를 비판한 뒤 그는 변증법적 방식을 새로운 신학 방법론으로 제시한다. 이 방식의 논리에 따르면, 우리는 하느님을 담대하게 선포하되 그 선포가 인간의 언어 범주에 들어있음을 인정하고 끊임없는 자기비판을 수행해야 한다. 변증법적인 방식은 고정되고 정적인 방법론이 아니다. 그는 사목자들과 신학자들에게 하느님의 말씀이 진리라는 확고한 전제 위에 서서 하느님의 긍정과 부정 사이를 역동적으로 오가는 해석학적 과제를 수행하자고 촉구한다. 그에 따르면 이 변증법적 긴장 속에서 설 때만, 인간은 "필연적이되 동시에 불가능한 과제"인 하느님의 말씀을 제대로 선포할 수 있다.

강연의 파장은 상당했다. 일부 청중은 기존의 신학 방법론을 부정하고 새로운 방법론을 설파하는 바르트를 새로운 세대의 기수로 여겼다. 강연에 참석했던 젊은 신학자 불트만Rudolf Bultmann, 고가르텐은 강연에 호의적인 반응을 보였고 이들은 서로 다른 신학적 색깔에도 불구하고 변증법적 신학을 중심으로 하나의 진영을 형성하게 된다. 『로마서 강해』 2판이 촉발한 변증법적 신학 운동은 이 강연을 통해 하나의 큰 물결이 되었다.

6. 『이해를 추구하는 믿음: 안셀무스의 신학적 체계와 연관한 신 존재 증명』(1931), 김장생 옮김, 한국문화사, 2013.

> 안셀무스의 작품 속에서 그의 관심은 … 모든 신학, 즉 '믿음에 대한 이해'였다. 안셀무스와 관련된 이해는 믿음이 요청하는 이해일 뿐이다. … 이해를 추구하는 것은 처음부터 믿음에 내재되어 있다. 또한 믿음이 '증명'과 '기쁨'을 필요로 하는가는 중요하지 않다. 믿음의 필요성을 결코 다루지 않는다. 안셀무스는 '증명'과 '기쁨'을 추구하였는데, 그 이유는 그가 이해하려 했기 때문이다. … 안셀무스에게 믿는다는 것

은 단순히 하느님께로 인간적 의지를 관철해 나가는 것이 아니라 하느님 안으로 의지적으로 순종해 가는 것이고, 하느님의 존재 양식과 그분의 자존성, 자존적 영광과 충만함에 제한적으로 참여하는 것이다. - 본문 中

『로마서 강해』 1판 이후 개혁신학 교수가 되어 강의를 진행하면서 바르트는 자신이 개혁교회의 신앙고백과 정통주의 신학, 종교개혁 신학에 대한 지식이 부족하다는 것을 절감했다. 이후 그는 이러한 점을 극복하기 위해 1921년부터 1924년까지 괴팅겐의 교수로 있는 동안 하이델베르크 요리문답, 칼뱅의 『그리스도교 강요』와 『영혼의 깨어있음에 관해』Psychopannychia, 츠빙글리, 슐라이어마허를 다루는 강의를 진행했다. 또한 하인리히 슈미트Heinrich Schmidt와 하인리히 헤페Heinrich Heppe의 저작을 통해 루터교와 개신교 정통주의에도 관심을 갖게 되었다. 뮌스터 대학으로 옮긴 바르트는 1926년 안셀무스의 『왜 하느님은 인간이 되셨는가』Cur Deus Homo에 대한 세미나를 연다. 기존의 성서 연구에 더해 개혁주의 신앙 고백, 종교개혁 신학, 교부 신학을 접하면서 그는 『로마서 강해』 시절과 달리 체계성을 갖춘 교의학을 집필해야겠다고 결심했다. 1924년 첫 번째 교의학 수업을 개설한 바르트는 '하느님이 말씀하신다'Deus Dixit라는 단순한 공리를 바탕으로 한 첫 교의학 집필에 나섰다. 1931년에 출판한 안셀무스 연구서『이해를 추구하는 믿음』은 이러한 교의학적 연구의 중간 결산물이다.

『이해를 추구하는 믿음』은 안셀무스의『프로슬로기온』 Proslogion 2~4장에 나타난 신 존재 증명에 대한 신학 주석이자, 안셀무스가 제시한 신학에 대한 정의 '이해를 추구하는 믿음'fides quaerens intellectum을 해석한 책이다. 이 저작에서 그는 우선 안셀무스의 신학 체계를 '신학의 필요성'(1장), 가능성(2장), 조건(3장), 방식(4장), 목적(5장)으로 나누어서 믿음과 연관된 '이해'를 설명한 뒤 본격적으로 안셀무스의 신 존재 증명을 다룬다.

일반적으로 안셀무스의 신 존재증명은 인간의 합리적 이성으로 신의 존재를 증명하는 것으로 보았지만, 바르트는 안셀무스가 관심을 가졌던 것은 하느님의 존재 여부를 증명하는 것이 아니라 궁극적인 진리인 하느님을 '이해'하는 것이었다고 말한다. 바르트에 따르면 안셀무스는 신학을 '믿음에 대한 이해'intellectus fidei로 생각했다. 초대 교부들이 성도들에게 가르침을 전한 것은 하느님의 존재가 있음을 증명하는 것이 아니라 "믿음의 근거"ratio를 제시하고 이 믿음을 이해하도록 돕기 위함이었다. 따라서 믿음이란 전제 없이는 하느님을 향한 이해는 성립될 수 없다. 믿음이란 이해에 선행하며 이해는 "믿음이 요청하는 이해"일 뿐이다. 이 순서는 "어떠한 전환이나 도치를 용납하지" 않는다. 신학적인 이해는 선행하는 하느님의 활동을 근거로 발생한다.

그렇다면 바르트는 안셀무스가 제시한 '이해함'이 구체적으로 어떤 모습으로 나타난다고 보았는가? 3장 '신학의 조건들'에서 그는 안셀무스가 제시한 '믿음'이 성서와 신앙고백(신조)을 대상으로 한다고 주장한다. 믿음을 따르는 '이해함'은, 성서와 교회의 공적 언어로 표현된 신조를 '추후적으로 숙고하는'Nach-denken 과정을 총칭한다. 인간은 자신의 신학적 이해가 잠정적이고 불충분하다는 한계를 직시하지만 그 한계에 갇히지 않는다. 믿음을 낳는 것은 하느님의 선행하는 은총이며 이 믿음은 이해를 통한 순종을 요구한다. 그러므로 이러한 인식의 길의 최종적인 단계는 기도일 수밖에 없다(프로슬로기온의 1장이 탄원의 기도로 시작하는 것에 주목해야 한다). 하느님을 제대로 이해하기 위해서는 합리적인 이성이 아닌, 충실한 신앙이 우리를 인도해야 하기 때문이다. 바르트가 해석한 안셀무스의 '이해함'은 기도로 완성되는 '기도의 인식론'이다.

기본적으로 안셀무스의 저작에 관한 연구서이지만 바르트가 안셀무스의 저작들을 올바르게 해석했는지는 논란의 여지가 있다. 고가르텐은 바르트의 해석이 자의적이라고 비판했고 플라세Kurt Flasche 역시 바르트가『프로슬로기온』에서 안셀무스가 주장한 '이해함'을 왜곡했다고 주장했다. 안셀무스는『프로슬로기온』과는 또 다른 저작인『모놀로기온』Monologion에서 성서와 신앙고백을 철저히 배제하고 우주론적 신-존재증명을 시도하는데 바르트가 이 두 저서의 차이를 제대로 소화한 뒤 해석을 했는지도 의문으로 남아있다.

그렇지만 바르트 신학의 발전 단계에서 결정적인 분기점에 자리 잡고 있다는 점에서 이 책은 매우 중요한 책으로 평가받는다. 한스 우르스 폰 발타자르Hans Urs von Balthasar는 이 책을 기점으로 바르트 신학이 변증법적 신학에서 벗어나 유비analogia 신학의 면모를 처음 보여줬다고 주장했다(발타자르가 제시한 자유주의→변증법→유비 신학의 구도는 오늘날에도 바르트 신학의 발전 단계를 이해하는 가장 대표적인 구도로 남아 있다). 맥코맥을 비롯한 일부 학자들은『로마서 강해』나 괴팅겐 시절의 교의학에서 이미 유비에 대한 개념이 등장하기 때문에 발타자르의 견해에 동의하지 않는다. 두 입장은 결국 이 책의 비중과 영향력을 두고 벌이는 논쟁이다.

논쟁의 여지가 있지만, 이 저작을 기점으로 바르트의 신학이 하느님과 인간의 관계를 한결 긍정적으로 전망한다는 점은 부인하기 어렵다. 이후 바르트의 저작들에서 키에르케고어의 영향을 받은 역설의 언어는 뒤로 물러났고 변증법적 신학의 색깔은 옅어졌다. 대신 그리스도를 향한 신앙을 유비의 결정적 고리로 활용하여 이를 통해 인간이 하느님에 관해 말할 수 있다는, 긍정적인 어조가 차츰 부각되었다.

7. 「바르멘 신학선언」(1934), 『편안한 침묵보다는 불편한 외침을』. 이용주 옮김, 새물결플러스, 2016.

그리스도는 아돌프 히틀러를 통해 우리에게 오셨다.

- 독일 그리스도인 연맹 선언문 中

성서가 증언하듯이 우리가 들어야 할 유일한 말씀은 예수 그리스도의 말씀이다. 우리는 삶과 죽음 가운데서 오직 그를 신뢰하고 순종해야 한다. 우리는 하느님의 말씀을 선포하는 진원지인 교회가 그 말씀 외에 다른 사건들이나 권세들, 혹은 위인들이나 진리들을 하느님의 계시로 인정할 수 있다거나 또는 그래야만 한다는 거짓 가르침을 단죄한다.

뮌스터를 떠나 본 대학의 교수가 된 바르트는 마냥 학문에만 정진할 수 없었다. 1931년을 기점으로 독일의 정치, 사회를 비롯한 모든 영역에서 히틀러와 나치 정권이 위세를 떨쳤기 때문이다. 독일의 대중뿐만 아니라 그리스도교 교계도 이런 시류에 편승했다. 과거 제1차 세계대전 때 신학계 거장들이 제국에 부역했듯 루터교 교의학자 파울 알트하우스Paul Althaus와 임마누엘 히르쉬Emmanuel Hirsch를 비롯한 신학자들이 제3제국의 국가사회주의를 찬양하는 데 앞장섰다. 심지어 바르트와 변증법적 신학 운동에 앞장섰던 고가르텐마저도 이러한 움직임에 동조했다.

히틀러와 국가사회주의는 교회를 가만두지 않았다. '독일 그리스도인 연맹'Deutsche Christen이란 어용 단체를 조직해서 독일 개신교 교회를 장악했고 루트비히 뮐러Ludwig Müller를 제국교회 수장으로 앉혔다. 여러 움직임 중에서도 가장 큰 문제가 되었던 것은 '아리안 조항'이었는데 이 조항은 비非 아리안 인종, 비 아리안 인종과 혼인한 사람, 그리고 유대인을 교회의 모든 직책에서 배제했다. 국가사회주의가 횡행하던 시기 독일 교회 예배당에는 나치의 휘장이 걸려 있었고, 히틀러와 독일 그리스도교인의 민족적 소명을 칭송하는 설교가 끊임없이 울려 퍼졌다. 바르트는 이러한 흐름에 맞서고자 다시 사민당에 가입했고 『오늘날의 신학적 실존』을 펴내 히틀러에게 보내기도 했다. 그러나 이것으로는 충분치 않았다. 개인적인 차원을 넘어서 교회 공동체 차원에서 국가사회주의라는 흐름에 맞서 싸워야 한다고 그는 생각했다.

1934년, 국가사회주의의 그릇된 교회 정책에 맞서고 올바른 신앙 고백을 하기 위해 독립적인 '고백교회'Benkennende Kirche가 탄생했고, 같은 해 5월 첫 총회가 열렸다. 바르트는 루터교를 대표하는 두 신학자와 함께 고백교회의 초안 작성을 의뢰받았다. 1934년 5월 16일, 두 루터교 신학자는 잠들어 있었지만, "진한 커피와 브라질 시가" 덕분에 깨어 있던 바르트는 홀로 6개의 논제를 거침없이 써내려갔다. 이 선언서를 총회는 5월 30일 바르멘에서 고백교회의 공식 신학 선언으로 채택했다.

바르멘 신학선언의 구조와 내용은 간명하다. 각 논제는 성서 구절로 시작해서 그 구절에 대한 한두 단락 분량의 신학적 선언, 그리고 "거짓된 가르침"에 대한 정죄로 마무리된다. 내용은 십계명 제1계명에 대한 확고한 믿음, 자연신학에 대한 거부, 교회의 독립과 자유로 요약할 수 있다. 바르트는 일반 정치학자나 사회학자와 달리 히틀러와 나치 국가사회주의를 교회사에서 반복해 나타난 거짓 메시아 운동으로 진단했다. 여기에 맞서 바르트는 교회의 주인이 예수 그리스도임을 천명하고 교회는 오직 그분의 명령에만 순종한다는, 단순하고도 강력한 그리스도교 진리를 선언문 전면에 세웠다.

> 교회의 여러 직분은 다른 이에 대한 지배를 세우는 것이 아니라 전체 공동체의 책무인 봉사의 실행을 근거로 한다. 교회가 이 같은 섬김 외에 특수한 지배권으로 무장한 지도자를 가지거나 배출해야 한다는 거짓된 가르침을 우리는 배격한다. - 본문 中

마크 린제이Mark Lindsay는 바르멘 신학선언이 하이델베르크 요리문답, 웨스트민스터 신앙고백 이래 가장 주목할 만한 신앙고백 문서라 말했다. 이 선언문은 정치적인 격문이나 비상시국선언처럼 읽힐지도 모른다. 그러나 근본적으로 이 선언문은 그리스도교 교회의 전통과 유산을 고스란히 담아낸 신앙고백이다. 교회의 언어로 공공 영역에서 정의를 외치고, 교회의 시대적 역할을 요구하는 이 문서는 바르트가 단순히 정치적 의식을 갖춘 지식인이 아니라, 신앙의 토대 위에서 하느님의 참뜻을 세상에서 실현해 나가는 데 관심을 둔 신학자였음을 알게 해준다. 아울러 바르트의 신학 발전 단계에서 그리스도론을 강화하는 방식이 단순히 신학과 교회라는 범주 안에서 진행된 것이 아니라, 사회에 적극적으로 참여하는 가운데 일어났음을 이 문서는 알려준다.

8. 『자연신학』(1934), 칼 바르트, 에밀 부르너, 김동건 옮김, 한국장로교 출판사, 1997.

> 자연신학이 '결정적'이 되려 한다면, 언제나 틀린 질문에 대한 답변일 뿐이다. 이것은 신학적, 교회적 행위의 '어떻게'에 관한 질문이다. 따라서 자연신학은 바로 처음부터 거부되어야 한다. 단지 적그리스도의 신학과 교회만이 자연신학으로부터 이득을 본다. 복음적 교회와 복음적 신학은 자연신학에 병들고 죽게 될 뿐이다. - 본문 中

바르멘 신학선언을 마친 바르트는 얼마 지나지 않아 한때 변증법적 신학 운동의 동료였던 에밀 부르너Emil Brunner에게 「아니오!」Nein!라는, 다소 무례한 제목의 글을 보낸다. 이 글은 기본적으로 브루너가 쓴 『자연과 은총』Natur und Gnade이란 책에 대한 논평이었다. 이 책에서 브루너는 "우리 세대 신학의 과제는 올바른 자연신학으로 되돌아가는 길을 찾아내는 것"이라고 주장했다. 바르트는 부르너의 견해가 국가사회주의에 휩쓸려 가고 있는 독일 그리스도인에게 악영향을 끼칠 것을 염려했다.

넓게 보면 바르트와 브루너 둘 다 '오직 은총'sola gratia, '오직 성서'sola scriptura, 구원에 대한 하느님의 주권을 강조하는 종교개혁 전통에 뿌리를 두고 있다. 그러나 여섯 개의 세부 주제(하느님의 형상, 일반 계시, 창조와 보존의 은총, 창조의 규례, 접촉점, 새 창조)에 관해서는 견해가 갈린다. 바르트와 브루너는 하느님의 계시에 대한 인간과 자연 세계의 수용성을 전혀 다르게 해석했기 때문이다.

브루너는 인간이 전적으로 타락해 하느님의 '내용적 형상'이 완전히 파괴되었을지라도 그 '형식적 형상'은 인간성의 형태로 고스란히 남아 있다고 보았다. 이에 대해 바르트는 전적으로 타락한 인간에게 형식적인 형상이 남아있다는 것은 모순이며 그 형식을 계시의 접촉점으로 활용할 수 없다고 말한다. 브루너는 인간에게 남은 형식적 형상이 계시 수용의 터로서 일종의 전제 역할을 할 수 있다고 본 반면 바르트는 계시와 인간의 수용 능력 사이에는 아무런 관련이 없고 이 심연은 성령을 통한 "기적"으로만 극복할 수 있다고 본 것이다.

이 논쟁 탓에 바르트는 자연과 문화를 하느님의 영역에서 배제한 완고한 계시주의자라는 낙인이 찍혔다. 하지만 이 글이 『교회교의학』I/1(1932)을 출판한 뒤에 나온 글임을 알아둘 필요가 있다. 『교회교의학』I/1에서 그는 기존의 '정규 교의학' 이외에도 '비정규 교의학'의 가치를 인정했는데 이때 비정규 교의학이란 "교회의 외부로부터 들려오는 하느님의 낯선 소리", 즉 하느님께서 교회 밖에서 문화와 자연을 통해 말씀하시는 하느님에 관해 숙고하는 것을 뜻한다. 그러므로 당시 바르트가 자연신학 자체를 극단적으로 배제했다고 볼 수는 없다. 그럼에도 바르트가 브루너에게 비판적인 자세를 취했던 것은 독일의 정치적 상황 때문이다. 자연과 세계를 아무런 중재 없이 하느님과의 접점으로 활용한다면, 신학은 자칫 국가사회주의자 이데올로기를 강화하는 데 악용될 수 있다고 그는 보았다.

한국어판은 1946년 영국에서 브루너의 『자연과 은총』, 그리고 바르트의 「아니오!」를 한 권으로 묶어서 펴낸 『자연신학』Natural Theology을 중역한 책이다. 영역본 서문도 추가되어 있는데 본문에서 이루어지는 논쟁이 다소 버겁게 다가온다면 친절하게 쓰인 서문을 찬찬히 읽어보는 게 좋겠다.

9. 『교의학 개요: 사도신경에 담긴 기독교 진리』(1947), 신준호 옮김, 복 있는 사람, 2015.

내가 믿을 때, 나는 철두철미 나의 믿음의 대상에 의해 채워지고 규정된다. 나의 관심사는 믿음을 가진 나 자신이 아니라, 오히려 나의 믿음이 대상이신 분이다. 그때 나는 다음에 대해서도 경험하게 된다. 내가 그분을 생각하고 그분을 바라볼 때, 나는 또한 나 자신을 최고로 잘 보살피게 된다. '나는 믿는다', 곧 라틴어로 'credo in'은 내가 혼자가 아님을 뜻한다. 우리 인간은 우리의 영광 혹은 비참 안에서 홀로 존재하지 않는다. 하느님께서 우리를 향해 다가오시며, 우리의 주님과 스승으로서 철두철미 우리를 위해 마주 보며 등장하신다. 우리는 좋은 날이든 힘든 날이든, 우리의 올바름 안에서든 타락성 안에서든, 바로 그 '마주 대함' 안에서 존재하고 행동하고 고난당한다. 나는 혼자가 아니다. 오히려 하느님께서 나를 만나시며, 나는 이러저러한 모든 상황에서 그분과 함께 있다. - 본문 中

"이 강의는 무너져 반쯤 폐허가 된 어느 고성에서 행해졌다." 책 첫머리 등장하는 이 건조한 문장은 당시 독일의 음울한 분위기를 고스란히 전해준다. 독일이 패전한 이후, 바젤 대학 교수로 활동하고 있던 바르트는 전범 국가가 된 독일을 정상화하고 독일 교회가 공식적인 회개의 절차를 밟는 데 도움을 주고자 했다. 1946년 여름 학기, 바르트는 자신을 해직했던 본 대학에서 강의를 진행했다. 전쟁의 상흔이 고스란히 남아 있던 풍경을 마주하며 그는 서너 줄의 도입 명제만을 제시한 뒤 원고 없이 자유롭게 사도신경을 강의했다. 『교의학 개요』는 그 강의를 담은 강의록이다.

1장 '교의학의 과제'에서 바르트는 교의학의 정의, 교의학의 내용과 신학적 위치, 목표를 언급한 뒤에 사도신경의 첫 번째 고백인 '나는 믿습니다'credo를 '신뢰'(2장), '앎'(3장), '고백'(4장)으로 나누어 설명한다. 여기서 그는 교의학의 주체가 그리스도교 교회임을 분명하게 말한다. 교회는 하느님의 말씀을 세상에 선포하는 장소이지만, 동시에 하늘이 아닌 땅, 영원이 아닌 시간 속에 자리를 틀고 있다. 교회는 하느님의 말씀을 곡해하고 그릇된 메시지를 선포할 위험에 늘 노출되어 있다. 교의학의 과제는 여기서 나온다. 즉 교의학은 교회가 하느님의 말씀을 복음에 합당하게 선포하고 있는지를 절대적 기준인 '성서'와 상대적 권위인 '신경' 혹은 '신조'(신앙고백)에 의거해 '비판적'으로 검증해야 한다. 이러한 주장은 『교회교의학』 I/1에서 이미 상세하게 다루었지만 이 책에서는 좀 더 간략한 형태로, 상대적으로 독자들이 알기 쉽게 설명해준다.

5장부터 마지막 24장까지는 사도신경의 중요 구절을 따라 교의학의 주제와 내용을 간략하게 해설한다. 당시에도 바르트는 이미 두 권의 사도신경 해설서 –『사도신경』 Crdeo(1935)과 『교회의 신앙고백』La Confession de la Foi De l'Eglise (1943) – 를 출간한 상태였다. 『교의학 개요』는 앞선 두 책과 크게 다르지 않으며 세 권의 해설서 모두 그리스도론이 핵심을 이루는 바르트 신학을 잘 보여 준다. 이를테면 성부, 성자, 성령 순으로 구성된 사도신경을 대다수 학자는 하느님께서 진행하시는 경륜의 순서로 받아들이고 이 순서를 따라 삼위일체 하느님의 활동을 해석하지만 바르트는 이 순서를 따르기만 해서는 하느님의 활동을 알 수 없다고 말한다. 그가 보기에 사도신경의 내용을 열어주는 유일한 해석학적 열쇠는 하느님의 말씀이 몸소 인간이 되어서 인간과 접점을 이루었음을 고백하는 2항이다. 이 2항을 거치지 않고 곧장 1항(성부-창조)으로 가거나 3항(성령-교회)으로 가는 것은 추상적이고 모호한 성부론, 성령론으로 귀결될 뿐이라고 그는 말한다.

대다수 그리스도교인이 친숙하게 여기는 사도신경 구절을 하나씩 풀어서 설명해 주는 데다가 자유로운 분위기에서 이루어진 강연을 옮긴 책이라 바르트의 다른 저작들과 견주었을 때 쉽게 다가온다. 바르트 신학을 처음 접하는 이들이 가장 먼저 읽어 볼 만한 책이다. 덧붙여, 이 책은 바르트가 한국어판 서문을 남긴 유일한 저작이기도 하다. 이 책이 우리말로 처음 번역되자 바르트는 역자인 전경연에게 저자 서문을 써서 보내주었다.

이 책을 한국어로 무사히 번역했다는 소식을 듣게 되니 너무나 기쁩니다. ... 한국도 독일처럼 심한 전쟁이란 참변을 겪은 뒤에, 또 아직 밝혀지지 않은 몇 곱절 어려운 사정 가운데서 새 출발을 해야 할 때인 줄 압니다. 특히 그리스도교 교회라면, 여러분의 나라에서 새롭게 시작하는 일이 얼마나 중요하고 또 얼마나 보람된 일인지를 깨달아야 하지 않겠습니까? 그러나 우리는 이곳처럼 그곳에서도 예수 그리스도의 복음을 확고하게 붙잡고 즐거이 선포해야 할 줄로 압니다. 이 일은 우리가 복음을 전과 달리 들리도록 전해야 하며, 모든 시대와 모든 지역의 사람들에게 믿을 수 있도록 할 때 이루어진다고 생각합니다. 이 책이 새롭게 한국을 일으키고, 새롭고도 영원하신 하느님의 말씀을 섬기는 데 보탬이 된다면, 나는 이 책의 저자로서 이 번역이 나온 데 대하여 가장 감사하는 사람일 것입니다.

- 칼 바르트, 1955년 9월

10. 『개신교 신학 입문』 (1962), 신준호 옮김, 복 있는 사람, 2014.

개신교 신학의 대상이신 하느님은 높이 계시지만 또한 낮아지신다. 그분은 바로 비천함 가운데서 높으시다. 또 인간에 대한 그분의 회피될 수 없는 부정Nein은 그분의 긍정Ja 안에 포함된다. 마찬가지로 그분이 인간을 위해, 그리고 인간과 함께, 같은 의지를 품고 행동하시는 것을, 도움을 주고 치료하고 올바르게 만들고 그래서 평화의 기쁨을 가져오는 사역이다. 그래서 그분은 참으로 복음의 하느님이시며, 인간에게 좋으신 하느님, 은혜의 말씀의 하느님이시다. 복음적인 개신교 신학은 그분의 이러한 은혜로운 긍정 그리고 인간에게 친근하신 하느님의 '자기 알림'에 힘써 대답한다. 개신교 신학은 바로 '인간의 하느님'이신 하느님과 관계하며, 그렇게 해서 '하느님의 인간'인 인간과 관계한다. - 본문 中

『개신교 신학 입문』은 인생의 황혼기에 접어든 바르트의 마지막 강연을 출판한 책이다. 서문에서 밝히다시피 바르트는 5년 동안 신학생으로 활동했고 12년 가까이 개신교 목회자로 활동했으며 이후 40년간 교수로서 신학교에서 학생들을 가르치고 연구했다. 이 저작에서 그는 자신이 일평생 묻고 씨름하는 가운데 얻게 된 '신학 함'에 대한 소중한 깨달음과 지혜를 기술한다. 이 책에서 그는 체계적인 방법론을 기술하지 않으며 논증을 기술하지도 않는다. 다만 그는 목회와 신학이 실제로 기능하고 있는 현장에서 신학을 하는 이들에게 필요한 이야기를 들려준다.

'신학의 자리'(1장), '신학적 실존'(2장), '신학의 위기'(3장), '신학적 작업'(4장) 등 총 4장으로 구성되어 있으며 각 장은 네 가지 세부 주제들과 연결되어 있는데, 세부 주제들은 각 장에서 서사적인 완결성을 가지고 전개되며 각 장 마지막에 위치한 '성령', '믿음', '희망', '사랑'은 각 장에서 논의하고 있는 내용을 갈무리하는 역할을 한다. 독자들은 각 세부 주제들이 어떠한 흐름을 가지고 진행되는지 살필 필요가 있다.

1장 '신학의 자리'는 개신교 신학의 네 가지 토대인 말씀, 증인들, 공동체, 성령에 관해 설명한다. 바르트는 개신교 신학은 철저하게 하느님의 말씀을 출발점으로 삼고, 구약의 예언자와 신약의 사도처럼 세상 속에서 증언하는 것임을 유념해야 한다고 말한다. 아울러 그리스도교 공동체의 전승과 성령의 인도하심이 없을 때 개신교 신학은 세속학문으로 전락할 수 있다고 경고한다. 2장 '신학적 실존'과 3장 '신학의 위기'에서는 신학자, 그리고 사목자가 신학 연구와 사목 현장에서 겪는 실존적인 기쁨과 아픔을 다룬다. 신학을 하는 사람은 살아계신 하느님을 향한 '놀라움'에 사로잡히고, 예기치 못한 '당황함'에 직면하여, 신학과 사목이라는 '의무'를 짊어지게 된다. 그러나 우리는 이 길에 필연적으로 어려움이 발생하리라는 점을 알고 있다. 특히 신학자는 외적으로 발생하는 '고독', 내적으로 커가는 '의심'으로 위기에 처할 수 있다. 바르트는 내외부의 압력에 짓눌리지 말고 하늘에서 땅으로 임하는 하느님의 은총을 간구하라고 조언한다. 이 내용을 받아 4장에서는 신학자와 목회자가 수행해야 하는 핵심적인 과제로 기도, 연구, 봉사, 사랑을 제안한다.

이 책은 칼 바르트의 저서 중에서 가장 대중적인 저서로 꼽히며 바르트도 자신의 세계를 볼 수 있는 좋은 입문서로 평한 바 있다. 덧붙이자면, 이 책은 바르트가 신학자이자 목사로서 어떤 마음가짐을 가지고 신학 활동에 임했는지를 엿볼 수 있다는 점에서 좋은 입문서다. 살아있을 때 이미 신학사에 한 획을 그었다고 평가받은 대가는 자신과 같은 길을 걷고 있는 이들에게 때로는 염려를 담아, 때로는 연민과 애정을 담아 조언한다. 특별히 '신학의 자리'에서 성령을 언급하는 장면은 오늘날의 사목하는 이들과 신학을 하는 이들이 끊임없이 곱씹어 볼 만하다.

> 복음의 하느님 앞에서 겸손하고 자유롭고 비판적이고 기뻐하는 학문인 개신교 신학은 오직 성령의 권능적 영역 안에서 가능해지고 현실화된다. ⋯ 성령이 없는 신학이 설교단 혹은 강단에서, 혹은 인쇄된 원고 혹은 노소 신학자들 사이의 대화 안에서 자신의 본질을 추진하게 된다면, 그것은 지상의 골짜기의 모든 소름 끼치는 일 중 가장 소름 끼치는 일이 된다. 신문상의 최악의 정치 논평도, 가장 서툰 낭만 소설 혹은 영화도, 불량배의 야밤의 가장 악한 비행도, 그러한 성령 없는 신학보다 더 나쁘지는 않다. - 본문 中

11. 『칼 바르트의 마지막 증언들』 (1968), 정미현 옮김, 한들출판사, 1997.

예수 그리스도는 모두에게 선포된 하느님의 말씀입니다. 나
또한 이 가운데 한 명이며, 그분의 구원과 소망과 믿음 안에
서 그분의 말씀에 의해 한 사람으로서 나를 발견하게 되었습
니다. 그래서 나는 마음과 입과 손으로 그분이 하느님의 사
랑의 말씀이라고 증언하도록 용기를 갖게 되었고, 사명을 받
았으며, 자유하게 되었습니다. 그분이 나를 위해 하느님 앞
에서 책임 있게 행동하였으므로, 나 또한 모든 사람을 향하
신 하느님의 말씀을 섬기는 책임을 감당하게 되었습니다.

- 본문 中

1968년 여름, 바르트는 큰 병고를 치렀다. 책을 쓰는 일은
불가능해졌다. 은퇴 후 진행했던 작은 신학 콜로키엄도 진행
할 수 없었다. 바르트는 『로마서 강해』 5판 서문에서 "시끄럽
고 진부한 말로 가득한" 피조물이 아닌 "하느님의 충견忠犬"
이 되고 싶다는 소망을 털어놓았다. 『칼 바르트의 마지막 증
언들』에는 긴 세월 동안 '하느님의 충견'으로 살고자 고군분
투했던 이의 진솔한 자기 고백이 담겨 있다.

이 책은 바르트가 죽기 전 반년 동안 있었던 인터뷰, 라디오 방송 설교, 라디오 대담을 제자 에버하르트 부쉬가 모아서 출판한 책이다. 100쪽이 채 되지 않는 소책자이지만, 다른 어떤 책보다 바르트라는 인간의 모습을 잘 보여준다. 죽음을 향해 가면서도 잃지 않는 유머, 교회의 회복과 일치를 향한 간절함 등 그가 늘 귀하게 여겨 온 하느님의 말씀과 교회에 대한 사랑이 글 곳곳에 서려 있다.

책 마지막 장에는 바르트가 죽기 직전 마지막으로 쓴 원고가 실려 있다. 그는 1969년 1월 취리히에서 로마 가톨릭과 개신교 교우를 위해 열릴 강연을 맡을 예정이었다. 강연문의 제목은 '떨쳐 일어나, 방향을 전환하고, 고백하며'였다. 바르트는 이 강연을 통해 교파에 상관없이 모든 교회가 지향해야 하는 세 가지 움직임을 말하고자 했다.

1968년 12월 9일 밤, 바르트는 쓰던 원고를 잠시 멈춘 뒤 평생을 함께 한 막역한 벗이자 신학적 동지였던 투르나이젠과 통화를 한다. 냉전과 핵무기의 위협이 고조되는 세상에 대한 이야기를 나누면서 그는 친구에게 다음과 같은 말을 건네어 위로했다.

그러나 어깨를 늘어뜨리지 말자! 절대로!

그가 모든 것을 다스리신다!

이는 아마도 바르트가 육성으로 남긴 마지막 '말'이었을 것이다. 1968년 12월 10일, 그는 침대에서 기도하듯이 두 손을 모은 채 세상을 떠났다. 그리고 전날까지 쓰던 원고는 미완성으로 남았다. 바르트가 지상에 쓴 마지막 '글'은 마침표 없이 이 책에 수록되어 있다.

하느님은 죽은 자의 하느님이 아니라, 산자의 하느님입니다. 모두가 그분 안에서 사는 것입니다. 사도들로부터, 그리고 사도 이전과 옛 선조들에게 이르기까지 그러합니다. … 교회가 교만하고 각각의 시간kairos을 생각하고 안주하고, 들으려 하지 않고, 태만하고 경솔하게 행한다면, 방향을 전환하는 교회가 아닐 것입니다. 또한 교회가 교회의 선조들에게서 배워야만 하는 것, 즉 그들이 교회에 말하려 한 것을 잃어버린다면

교회교의학

『교회교의학』은 20세기 개신교판 '신학대전'이라 불린다. 집필 기간만 해도 30년이 넘고, 분량도 9,000쪽이 넘는데, 이는 칼뱅이 쓴 『그리스도교 강요』의 9배, 토마스 아퀴나스가 쓴 『신학대전』의 3배에 해당하는 분량이다. 책 곳곳마다 고대와 중세 교부들, 루터, 츠빙글리, 멜랑히톤, 칼뱅과 같은 개신교 종교개혁가들, 개신교 정통주의자들, 당대의 철학자와 신학자들이 등장하는데 바르트는 이 모든 사람을 소환해 찬반을 거듭하며 쟁론을 벌이면서, 누가 더 그리스도교 복음에 합당한 교의를 주장하고 있는지를 가리기 위해 전력을 다한다. 그러나 잊지 말아야 할 점은 바르트가 이 거대한 책을 학계가 아닌 교회를 위해 썼다는 점이다. 바르트는 19세기 자유주의 신학이 '강단신학'schuldomatik으로 경도된 나머지 교회의 중요성을 망각했다고 평가하며 진정한 신학은 반드시 교회를 섬겨야 하고, 교회의 모든 말과 행위가 성서가 증언하는 예수 그리스도와 엇나가지 않도록 하는 데 봉사해야 한다고 믿었다. 신학사에서도 손꼽히는 이 대작은 바로 이러한 교회적 관심의 결과물이다.

『교회교의학』은 원래 총 5부部로 기획되었다. 1부는 하느

하느님 말씀론(2권)		신 론(2권)	
I/1 1932 46세	· 서론 · 교의학의 기준 · 삼위일체 하느님	**II/1** 1940 54세	· 하느님에 대한 인식 · 하느님의 현실
I/2 1938 52세	· 성육신 · 성령의 부어짐 · 성서 · 교회의 선포	**II/2** 1942 56세	· 하느님의 은혜의 선택 · 하느님의 계명(윤리)
창조론(4권)		화해론(5권)	
III/1 1945 59세	· 창조주 하느님	**IV/1** 1953 67세	· 화해론의 내용과 문제들 · 예수 그리스도: 종이신 주님(제사장)
III/2 1948 62세	· 피조물 인간	**IV/2** 1955 69세	· 예수 그리스도: 주님이신 종(왕)
III/3 1950 64세	· 창조주와 그의 피조물	**IV/3.1** **IV/3.2** 1959 73세	· 참된 증인: 예수 그리스도(예언자)
III/4 1951 65세	· 창조주 하느님의 명령	**IV/4** (미완) 1965 74세	· 그리스도교적 삶의 기초: 성령 세례와 물 세례

표 1. 「교회교의학」의 구조

님의 말씀과 계시(I), 2부는 하느님에 관한 교의(II), 3부는 창조에 관한 교의(III), 4부는 화해에 관한 교의(IV), 5부는 구속에 관한 교의였다(V). 아쉽게도 바르트는 화해의 윤리를 다루려 한 IV/4권을 미완으로 남긴 채 세상을 떠났다.

총 두 권으로 나뉜 1부(I)는 교의학의 서론, 하느님의 말씀에 관한 교의, 계시를 다룬다. 1부는 하느님의 말씀을 구체적으로 해명하는 독립된 장이면서 동시에 교회교의학 전체 내용의 토대 역할을 한다. 서론에서 바르트는 '교의학'을 철저하게 교회라는 장소에서 수행하는 학문으로 규정한다. 그에 따르면 교의학의 가장 중요한 과제는 교회에서 선포하는 언어와 행위를 비판적으로 검증하는 것이다. 그다음 바르트는 교의학의 유일한 뿌리는 하느님이 인간에게 말씀하셨다는 사실에 있음을 밝힌다. 여기서 유명한 "계시된 말씀"(예수 그리스도)-"기록된 말씀"(성서)-"선포된 말씀"(선포)라는 말이 나오는데 이후 1부에서는 이 삼중 형식을 따라 계시, 성서, 교회의 선포에 담긴 의미를 해명한다.

2부(II)는 신론에 해당한다. II/1에서 바르트는 우리가 하느님을 인식하는 방법과 하느님이 누구인지를 묻는다. 하느님 인식은 하느님이 우리에게 자신을 인식의 대상으로 허락하시기에 가능하다. 그러나 동시에 그분은 인식의 '주체'로서 계신다. 이 역설은 하느님이 정태적인 존재론에 감금된 존재가 아니라 자유롭게 '행동'하시는 분임을 말해준다. 바르트는 신학사, 교회사에서 하느님에 관한 논의가 사변적으로 진행되었다고 비판하면서 '자유'와 '사랑'이란 두 개념을 축으로 하느님이 어떤 분인지를 말한다.

II/2 선택론에서는 개신교 개혁교회의 핵심 교의인 예정론을 그리스도론을 통한 은총의 선택론으로 재구성한다. 바르트가 보기에 기존의 이중예정설은 부당한 숙명론에 빠질 위험이 크고 예수 그리스도를 통해 드러난 하느님의 은총을 위축시킨다. 그는 예정론의 핵심을 선택과 유기라는 이중의 운명에 두지 않고 '선택하는 하느님'이자 '선택받는 인간'이란 예수 그리스도의 이중적인 존재 방식에 맞춤으로써 논의를 새롭게 전개해 나간다. 그분은 영원 전에 예수 그리스도를 '선택'하셔서, 예수 그리스도 '안에서' 세상을 창조하시고 그 세상을 통해 우리와 만나신다. 동시에 그분은 모든 인간을 구원하시기 위해 '선택받은 인간' 예수 그리스도를 '버림받은 유일한 인간'의 자리에 두신다. 따라서 예수 그리스도를 통해 드러나는 하느님의 선택은 인류를 구원하시기 위한 하느님의 자유로운 결단과 사랑의 선택이다. 선택론은 하느님이 후미진 어딘가에 미리 기록해 둔 인간의 비극적 숙명에 관한 이야기가 아니라 예수 그리스도를 중심으로 한 은총에 관한 이야기다. 그렇기에 "선택론은 복음의 총체다".

『교회교의학』 3부(Ⅲ)는 창조론에 해당한다. Ⅲ/1에서는 창세기 1, 2장에 관한 상세한 주석을 통해 하느님이 만물을 창조하신 의미를 해명한다. 여기서 바르트는 하느님을 모호한 조물주로 보는 일반적인 접근을 경계, 비판하면서 그리스도교 신앙에서 말하는 창조의 핵심은 창조 자체가 아닌 계약, 하느님과 인간의 계약에 있다고 기술한다(창조는 "계약의 외적 근거"이고, 계약은 "창조의 내적 근거"다). 창조는 예수 그리스도의 화해 사역을 통해 하느님과 인간의 계약이 성취되기 위한 "영광의 극장"이란 의미를 갖는다.

Ⅲ/2에서는 인간에 관한 교의를 집중적으로 다룬다. 바르트는 역사학, 심리학, 철학을 비롯한 다채로운 세속 학문이 인간을 다루는 방식을 탈피해 철저하게 성서에서 언급하는 '참 인간' 예수에 대한 이해를 바탕으로 인간론을 펼친다. 인간의 근원, 인간 창조의 신학적 의미, 하느님의 형상, 영혼과 육체, 시간의 의미를 '참 인간'인 예수가 지상적 생애를 통해 보인 인격과 사역을 통해 해명한다. 이러한 작업을 통해 그는 어떤 보편 인간이 아닌, 하느님이 계약의 반려자로 규정한 '참 인간'을 드러내려 한다. 그는 '참 인간'의 빛에서 모든

인간이 지향해야 할 참된 인간성도 드러난다고 말한다.

III/3은 창조 세계 전반에 관한 하느님의 주권과 섭리를 다룬다. 여기서 그는 하느님의 섭리, 하느님이 만물의 아버지로서 세상을 통치하시고 보살피시는 방식, 악의 기원와 무無, 하늘나라, 천사 등 다채로운 주제를 설명한다.

III/4는 피조물인 인간의 구체적인 상황에서 하느님이 지시하는 여러 명령을 윤리적 차원에서 다룬다. 이 윤리적인 차원은 수직적인 차원이 있고 수평적인 차원이 있다. 바르트는 하느님과 인간의 관계에 놓여 있는 수직적인 차원의 윤리를 안식일, 신앙고백, 기도로 제시하고, 수평적인 차원의 윤리를 남녀, 부모와 자녀, 이웃과 이웃 사이의 관계를 통해 고찰한다. 이외에 직업윤리도 다루고 있다.

4부(IV) 화해론은 『교회교의학』이란 거대한 건축물의 정점이다. 여기서 바르트는 앞서 논의한 계시, 삼위일체론, 선택론, 창조론의 바탕 위에서 예수 그리스도를 통해 성취된 하느님과 인간의 화해를 말한다. 총 5권으로 구성되어 있지만, 예수 그리스도의 인격과 사역을 따라 크게 세 부분으로 나뉜다.

먼저 IV/1은 '종이 되신 주님'으로 '제사장'의 직무를 온전히 성취하신 '하느님의 아들'을 다룬다. 이곳의 초점은 자기를 비우시고 '먼 나라로의 여행'을 택한 예수 그리스도의 겸허함과 순종이다. 우리의 자리로 온 예수 그리스도는 무죄한 심판자다. 그러나 그는 모든 인간을 대신해 십자가에서 하느님의 심판을 받고 속죄하는 '제사장'의 직무를 완수한다. 이를 통해 예수 그리스도 안에서 인간과 화해하시는 하느님이 등장한다. 이 순종의 빛 아래서 '교만'의 형식을 띤 죄의 진상이 만천하에 폭로되나 예수 그리스도는 그러한 죄의 형식에도 불구하고 우리의 '칭의'를 이루신다. 나아가 그분은 성령을 통해 자신의 공동체를 자신의 중심으로 소집하며 그가 소집한 '그리스도인'은 믿음의 삶을 추구하는 화해의 일꾼이 된다.

IV/2는 '주님이 되신 종'으로서 '왕'의 직무를 성취하신 '사람의 아들'을 다룬다. IV/1에서 그린 예수 그리스도의 운동이 '하향적 운동'이라면, 여기서 그리는 운동은 '상향적 운동'이다. 다시 말해 IV/1에서는 '하늘에서 땅으로' 내려오신 하느님의 아들에 초점을 맞춘다면 IV/2에서는 '땅에서 하늘로' 올라가신 사람의 아들에 초점을 맞춘다. 예수 그리스도는 부활한 '사람의 아들'로 하나님에 의해 높이 올려져 고향인 하느님 곁으로 간 '참된 인간'이었다. 그는 사람의 아들로서 세상의 약자들을 편애했고, 십자가 위에서 고통의 가시 면류관을 씀으로써 대관식을 치렀다. 참 인간으로서 죽음을 돌파해 낸 이 놀라운 승리 속에서, 하느님과 화해된 인간이 등장한다. 이 고양의 빛 아래서 '나태와 비참'의 형식을 띤 죄의 두 번째 진상이 폭로되나 그러한 죄에도 불구하고 예수 그리스도는 우리를 '성화'로 이끄는 왕이 되어 주신다. 나아가 예수 그리스도는 앞서 소집된 공동체를 자신을 중심으로 건설하고 보존해 나가며 그리스도인은 성령의 능력 안에서 하느님을 사랑하고 이웃을 사랑하는 삶을 살아간다.

IV/3에서는 IV/1과 2에서 언급한 화해의 두 가지 측면을 통합하면서도 오늘날 우리에게 실제적으로 다가오는 계시와 증언의 성격을 강조한다. 여기서 예수 그리스도는 '참된 증인'으로서 '예언자'의 직무를 성취한 '중보자'(참 하느님이자 동시에 참 인간)다. 예수 그리스도는 부활한 영원한 '생명의 빛'으로서 온 세상에 자신이 성취한 화해를 스스로 증언하는 예언자가 되신다. 이 빛이 비치는 곳마다 '예수는 승리자!'라는 진리가 확인된다. 이 진리의 빛 안에서 '거짓'의 형식을 띤 우리 죄의 세 번째 진상이 폭로되지만, 그럼에도 예수 그리스도는 '소명' 사건의 주체가 되어 주셔서 우리를 '그리스도인'이란 특수한 실존으로 부른다. 나아가 예수 그리스도는 앞서 소집하고 건립한 자신의 공동체를 세상으로 파송해 예언자의 직무를 다하고, 진리를 수호하고 부당한 이데올로기와 악에 맞서 싸우는 봉사의 직무를 수행한다. 그리스도인은 성령의 능력 안에서 부여되는 소망을 굳게 잡고 이 시간을 헤쳐 나간다.

표 1(125쪽)을 보면 알 수 있듯, 총 4부(Ⅰ, Ⅱ, Ⅲ, Ⅳ)로 구성된『교회교의학』은 다시 낱권으로 나뉘어 있다. 도표에는 담지 못한 장章과 절節이 있는데, 이 단위들에도 고유의 기능이 있다. 이를테면『교회교의학』Ⅰ/1과 Ⅰ/2권은 '1장-교의학의 기준으로서 하느님의 말씀', '2장-하느님의 계시(삼위일체-성육신-성령의 부으심)', '3장-성서', 마지막으로 '4장-교회의 선포'로 구성되어 있는데 이러한 구성을 통해 우리는 바르트가 하느님의 말씀을 교의학의 기준으로 삼고, 그 말씀을 크게 계시(삼위일체, 성육신, 성령), 성서, 교회의 선포라는 관점으로 나눠서 해명하고 있음을 미리 파악할 수 있다.『교회교의학』을 읽을 때는 자신이 읽고 있는 부분이 큰 틀에서 어디에 속해 있는지를 늘 의식해야 한다. 그렇지 않으면 방대한 내용과 무수하게 쏟아지는 정보로 인해 좌표를 잃고 헤매기 십상이다.

특히『교회교의학』에는 나오는 '절'('§'로 표기된 곳)은 유의해서 살펴야 한다. 이 절節은 흔히 다른 책에서 쓰이는 절처럼 짧은 글 토막이 아니다. 미완성 원고를 제외하면『교회교의학』에는 73개의 절節이 나오는데 각 절은 각 권과 장을 관통하는 큰 서사의 흐름 중 일부에 속하지만 동시에 독립적인 완결성도 갖고 있다. 바르트 신학을 연구하는 모든 학자는 이 절 단위들을 개별 신학 명제로 수용하고 논의의 대상으로 삼는다. 예를 들어, 바르트의 칭의론을 연구하고 싶다면 최종적으로는『교회교의학』에 산개된 바르트의 칭의에 대한 언급을 모두 살펴보아야겠지만, 먼저 이 개념을 집중적으로 다룬 절인 '§61. 인간의 칭의'를 연구 대상으로 삼는다. 바르트 신학의 개별 주제에 관심을 둔 사람이라면 꼭 각 절을 의식하고 살펴야 한다. 또한 각 절 첫머리에 걸려 있는 '도입 명제' 또한 눈여겨 보아야 한다. 바르트는 모든 절의 도입부에 자신이 상술하려는 내용을 몇 문장으로 압축해서 제시했기 때문이다. 그러한 면에서 '도입 명제'는 일종의 주제문이자 각 절 전체 내용을 요약해 놓은 요약문이다. 이를테면 500쪽이 넘는 화해론 IV/2권의 '§64. 인자의 올리우심'의 도입 명제는 다음과 같다.

예수 그리스도는 하느님의 아들이며, 주님이다. 그는 종으로 낮아지셨으며 또한 종에서 주님으로 높임을 받은 분이다. 그는 새로운 분이며, 진실한 분이며, 왕적인 분이다. 왜냐하면 그분은 존재와 삶에서, 하느님의 통치와 행위에 참여하면서 하느님을 존경하고 증언하는 분이기 때문에, 그분은 자신으로서 모든 다른 인간들의 머리요, 대표자이며, 구주이고, 그리고 성령의 역사 속에서 우리에게 주어진 하느님의 지시에 대한 원천과 내용과 척도이다.

처음 읽으면 다소 포괄적이라 낯설지도 모르겠지만, 해당 절의 내용을 읽고 난 뒤 다시 이 주제문을 읽어 보면 이전과 다른 느낌을 받게 될 것이다.

『교회교의학』을 살필 때 도드라지는 또 다른 부분은 주석이다. 『교회교의학』의 주석은 형식과 내용 면에서 일반적인 주석과 다르다. 대개 주석은 인용한 원문의 출처, 논지와 관련된 부가 정보를 거론할 때 쓰인다. 하지만 바르트는 글의 흐름에 따라 자유롭게 본문에 주석을 삽입했으며 이 주석을 통해 성서를 주해하고 신학사의 무수한 저작들을 새로이 살피고, 논쟁하고, 다시금 자신의 의견을 펼쳤다. 이레나이우스, 테르툴리아누스, 아타나시우스, 아우구스티누스, 아퀴나스, 흠모의 대상이자 힐난의 대상이었던 슐라이어마허, 루터, 츠빙글리, 칼뱅, 이따금 등장하는 모차르트까지 무수한 사람들이 『교회교의학』의 주석란에 등장해 바르트와 때로는 열띤, 때로는 차가운 대화를 벌인다. 언젠가 바르트는 독자들이 자신의 글보다는 이 주석을 더 세심하게 읽어 주기를 바란다고 말한 적도 있다.

신학사에 거대한 족적을 남긴 책인 데다 그 방대한 분량 때문에 전문적인 연구자가 아닌 이상, 평범한 교인들이나 신학생들은 읽기를 망설일지도 모른다. 하지만 위에서 언급한 바르트의 문제의식과 고민을 충분히 공감한다면 그 세부 내용을 완전히 이해하지 못할지라도 시간을 기울여 도전해볼 가치는 충분하다.

영광을 돌려 드려라!
아버지와 아들과 성령께
태초에 계셨던 것처럼
이제도 계시고 항상 계시고
영원무궁토록 계신 분께!

1. 『칼 바르트: 20세기 신학의 교부, 시대 위에 우뚝 솟은 신학자』,
   에버하르트 부쉬 지음, 손성현 옮김, 복있는 사람, 2014.

바르트에 대한 가장 권위 있는 전기. 방대한 자료를 동원
해 바르트라는 한 사람의 총체적인 모습을 드러냈다. 지은이
부쉬는 유년기부터 세상을 떠날 때까지 바르트가 겪은 희로
애락, 생로병사를 큐레이터처럼 설명해 준다. 시간순을 따라
이야기를 하면서도 틈틈이 바르트가 쓴 신학 논문, 저작을
인용해 그의 신학과 생애가 어떻게 맞물려 있는지 살필 수
있게 해놓았다.

2. 『칼 바르트와 동시대성의 신학』, 정승훈 지음, 대한기독교서회, 2006.

바르트의 초기 문서들에 담긴 신학적인 함의를 후기 문서들과 연관해서 분석한 책. 초기 바르트의 중요한 정치 신학적 문서들의 내용을 요약해놓았을 뿐 아니라, 초기 문서에 있는 정치신학적 요소가 『교회교의학』에서 어떤 모습으로 전개되고 변화하는지를 자세하게 보여준다. 또한 『로마서 강해』와 사회주의 혁명과의 관계, 루터의 십자가 신학이 바르트의 그리스도론에 미친 영향, 바르트 신학의 해방 개념, 자연신학 논쟁에 대한 새로운 해석, 홀로코스트 이후 그리스도교와 유대인의 관계 설정 등 별다른 숙고가 없던 부분에 새로운 해석을 가하고 한국에서는 잘 소개되지 않은 바르트 신학의 논쟁 지점들 또한 소개하고 있다. 바르트를 동시대의 주요한 정치 사회적 화두와 연결해서 읽고 싶은 이에게 커다란 도움을 주는 안내서다.

3. 『쉽게 읽는 바르트 이야기』, 존 프랑크 지음, 박형국 옮김, 한국장
   로교출판사, 2012.

바르트의 신학을 전체적으로 조망할 수 있는 책. 바르트
가 자유주의 신학을 처음 배웠던 시점에서 출발해 대작『교
회교의학』을 쓰기까지의 과정을 전반적으로 균형감 있게 서
술해 놓았다. '성서 안에 있는 새로운 세계'(1917), '탐바흐 강
연'(1919), 『로마서 강해』 2판(1922) 같은 초기작과 대표적인
중기 작품인 안셀무스 연구서『이해를 추구하는 믿음』(1931),
그리고『교회교의학』(1932~1968)의 윤곽을 쉽게 파악할 수 있
게 해놓았다는 점에서도 좋은 안내서 역할을 할 수 있다. 특
히 헌싱어가 제안한『교회교의학』을 해석하는 여섯 가지 패
턴을 소개하고 있기 때문에『교회교의학』을 읽기 전에 읽어
두면 큰 도움을 얻을 수 있다.

4. 『편안한 침묵보다는 불편한 외침을』, 프랑크 옐레 지음, 이용주 옮
   김, 새물결플러스, 2016.

바르트가 정치적 선택을 내리게 되는 여러 시점을 따라가
면서, 바르트가 선호한 정치적 지향이 무엇인지, 그리고 바

르트의 신학 전체에 일관되게 흐르는 정치적 윤리가 무엇인지를 다루고 있는 책. 지은이 프랑크 옐레는 바르트의 정치 신학을 "사태적합성"Sachlichkeit, 그리고 "최종적인 것das Letzte과 잠정적인 것das Vorletzte의 차이에 대한 인정"으로 규정한다. 즉 바르트는 자신이 선호하는 특정 이데올로기나 정치 체제에 따라 자신의 정치 신학을 구성하는 것이 아니라, 기존 질서의 변화를 예의 주시하되 그때마다 사태에 적합한 새로운 대답을 추구했다는 것이다. 바르트가 정치 신학적으로 특정한 정치 지향이나 체제에 함몰되지 않고 사태에 따라 창조적으로 반응했다는 옐레의 분석은 바르트 신학의 전반적인 특징과도 잘 들어맞는다. 바르트의 정치 신학에 관심 있는 사람, 특히 바르트와 민주주의의 관계를 통시적으로 연구하고 싶은 사람에게 권할 만한 저작이다.

5. 『바르트 교회교의학 개관』, 제프리 브로밀리 지음, 신옥수 옮김, 크리스챤다이제스트, 2001.

『교회교의학』에 등장하는 총 73개의 절의 명제의 내용을 일목요연하게 요약한 책. 브로밀리는 『교회교의학』을 영어로 번역한 학자로 이 책은 방대한 『교회교의학』의 세계를 단

권의 책으로 압축했다는 점에서 여러 강점을 가진 책이다. 무엇보다도 『교회교의학』의 굵직한 윤곽을 살피기에 적절하다.

6. 『하나님의 명령: 칼 바르트의 윤리 방법론』, 맹용길 지음, 다다비주얼, 2016.

바르트의 윤리 방법론을 체계적으로 다룬 책. 바르트가 관여한 구체적인 윤리적 주제는 다루지 않고 철저하게 바르트 신학 윤리의 방법론을 다룬다. 지은이는 먼저 윤리 신학이 담겨있는 문서인 『로마서 강해』, '오늘날 윤리의 문제'(1922), '계명을 지키라'Das Halten der Gebote (1927), '신학적 공리로서의 제1계명'Das erste Gebolt als theologisches Axiom(1933)과 『교회교의학』을 분석하면서 그 안에서 일관되게 나타난 바르트 윤리 신학의 원칙을 탐구한다. 지은이는 이를 예수 그리스도를 중심으로 나타난 '은혜의 직설법'과 '명령의 직설법'으로 요약하며 나아가 하느님의 명령이라는 윤리적 근원을 요구, 결단, 심판이란 차원에서 다각도로 검토하고 있다. 바르트 윤리학의 신학의 일관된 흐름을 잡는 데 도움을 주는 책이다.

7. 『하나님의 흔드심: 칼 바르트의 성화론』, 이정석 지음, 새물결플러스, 2010.

『교회교의학』IV부 화해론은 바르트 신학의 꽃이라 불린다. 여기서 바르트는 예수 그리스도의 상태, 삼중 직분(제사장, 왕, 예언자), 인간의 죄가 취하고 있는 구체적 형식, 성령의 역사, 교회론 등 거의 모든 그리스도교 교리를 예수 그리스도의 인격과 사역을 기준으로 재구성하고 있다. 구원론도 마찬가지다. 바르트는 구원을 인간의 심리적 측면에서 단계적으로 구성하는 '구원의 서정'ordo salutis을 비판하면서, 철저하게 예수 그리스도가 인간에게 실제적으로de facto 선사하는 구원을 칭의-성화-소명의 세 가지 구조로 설명한다. 이 책은 그중에서 성화聖化 개념을 분석한 책이다. 지은이는 화해론에 등장하는 성화 개념을 설명하기 위해, 바르트 초기작부터 『교회교의학』에 이르기까지 성화 개념이 어떻게 발전하고 있는지를 추적하고 있다. 바르트 신학의 역사적 전개와 얼개까지 두루 다루고 화해론의 큰 틀도 보여주기 때문에 후기 바르트 신학의 특징에 관심이 있는 이에게 도움을 줄 수 있는 책이다.

8. 『칼 바르트의 설교학』, 칼 바르트 지음, 정인교 옮김, 한들출판사, 1999.

바르트가 1932년과 1933년에 본 대학에서 개설한 설교학 강의의 원고를 모아서 낸 책이다. 여기서 바르트는 자유주의 신학이 하느님의 말씀을 섣불리 인간의 교훈, 윤리, 경건으로 바꾼 것을 비판하면서, 설교의 참 기준은 하느님의 계시에 적합한가에 달려 있다고 주장한다. 이러한 이해는 앞서 출판된 『교회교의학』 I/1권의 '§4.1. 선포된 말씀'의 내용과 맥을 같이 한다. 이외에도 설교학에 대한 역사적 접근뿐만 아니라 바르트가 생각한 설교의 기준과 실제적인 적용까지도 다룬다. 바르트의 설교에 관한 견해가 일목요연하게 잘 드러난다는 점에서, 설교에 고민이 많은 이가 보기에 적절한 책이다. 바르트의 실제 설교가 어떠했는지 궁금하면, 교회력에 따라 바르트의 설교를 모아 둔 『칼 바르트 신학 묵상』(대한기독교서회, 2010)과 『내 아버지의 집에 거할 곳이 많도다』(새물결 플러스, 2010)를 함께 읽으면 좋다. 특히 『내 아버지의 집에 거할 곳이 많도다』에는 아들을 조난사로 잃은 바르트가 장례식에서 '부활'을 소재로 한 감동적인 설교가 들어 있다.

9. 『칼 바르트의 성령론적 세례론』, 전성용 지음, 한들출판사, 1999.

바르트의 성령세례, 물세례, 유아세례에 관한 견해를 소개하는 책. 바르트가 생애 말기에 유아세례의 신학적 정당성을 비판적으로 바라본 것은 바르트 연구에서 중요한 논쟁거리 중 하나다. 바르트는 성령세례를 하느님의 철저한 은총으로 규정하고, 물세례를 이 은총에 대한 인간의 윤리적 결단과 반응으로 보았다. 지은이는 바르트가 이러한 결론에 이른 과정을 역사적으로 추적한다. 성령세례, 물세례, 유아세례에 대한 교회사적인 흐름을 모두 제시하고, 바르트와 생각이 다른 학자들의 견해도 요점을 잘 정리해 주기에, 단순히 바르트의 세례론뿐만 아니라, 세례에 대한 교회사적인 지식을 축적하기에도 좋은 책이다.

10. 『칼 바르트가 쓴 모차르트 이야기』, 칼 바르트 지음, 문성모 옮김, 예솔, 2006.

바르트는 모차르트를 사랑했다. 집에는 모차르트의 음반이 넘쳐 났고, 매일 아침을 모차르트의 음악을 듣는 것으로 시작했다. 세상을 떠날 때도 그의 방에는 모차르트의 음악이 흐르고 있었다. 1956년 모차르트 탄생 200주년 기념행사의 연사가 된 것을 자기 인생에서 가장 큰 영예로 여겼으며, 천국에 가면 아우구스티누스, 토마스 아퀴나스, 루터, 칼뱅, 슐라이어마허보다 먼저 모차르트를 만나보고 싶다고 말할 정도였다.

이 책은 모차르트 탄생 200주년을 기념해서 쓴 바르트의 원고와 인터뷰를 모아 놓은 책이다. 글들을 보면 모차르트에 대한 애정이 단순히 음악을 즐기는 것을 넘어, 자신의 신학에도 깊게 반영되었음을 알 수 있다. 그는 신학 작업을 하는 와중에 기분을 전환하기 위해 모차르트의 음악을 들은 것이 아니었다. 그는 모차르트의 음악 속에서 당대의 지배적인 음악 사조에 눌리지 않는 자유분방함과 하느님의 창조 세계를 있는 그대로 누리는 '어린이다움'을 보았다. 그러한 모차르트의 자유로움을 좇아 바르트 역시 선조들의 신학을 있는 그대로 답습하지 않고 늘 새로운 답을 찾으려 했다. "모차르트의 음악이 없었다면, 신학과 정치에서 나의 일을 추진할 수 없었을 것"이라는 바르트의 고백은 과장이 아닌 것이다. 특히 이 책에 수록된 라디오 음악방송 인터뷰를 주목해서 보기를 바란다. 바르트의 사상에 모차르트가 어떤 영향을 끼쳤는지 알 수 있을 것이다.

| 칼 바르트 저서 목록 |

- **Suchet Gott, so werdet ihr leben!.** G.A.Baschlin, 1917. (투르나이젠과 공저)

- **Der Römerbrief**(제1판). G.A.Baschlin, 1919.

- **Der Römerbrief**(제2판). Christian Kaiser Verlag, 1922. 『로마서』(복 있는 사람 역간)

- **Das Wort Gottes und die Theologie.** Christian Kaiser Verlag, 1924. 『말씀과 신학: 칼 바르트 논문집1』(대한기독교서회 역간)

- **Die Auferstehung der Toten.** Christian Kaiser Verlag, 1924.

- **Komm Schöpfer Geist!.** Christian Kaiser Verlag, 1927. (투르나이젠과 공저)

- **Erklärung des Philipperbriefes.** Christian Kaiser Verlag, 1928.

- **Die Lehre vom Worte Gottes: Prolegomena zur kirchlichen Dogmatik.** Christian Kaiser Verlag, 1928.

- **Die Theologie und die Kirche.** Christian Kaiser Verlag, 1928.

- **Fides Quaerens Intellectum.** Christian Kaiser Verlag, 1931. 『이해를 추구하는 믿음: 안셀무스의 신학적 체계와 연관한 신 존재 증명』(한국문화사 역간)

- **Die Kirchliche Dogmatik I/1, Die Lehre vom Wort Gottes.** Christian Kaiser Verlag, 1932. 『교회교의학 I/1: 하나님의 말씀에 관한 교의』(대한기독교서회 역간)

- **Theologische Existenz heute.** Christian Kaiser Verlag, 1933.

- **Credo.** Christian Kaiser Verlag, 1935. 『사도신경 해설』(크리스챤다이제스트 역간)

- **Gotteserkenntnis und Gottesdienst.** Evangelischer Verlag, 1938.

· **Die Kirchliche Dogmatik I/2, Die Lehre vom Wort Gottes.** Evangelischer Verlag, 1939. 『교회교의학 I/2: 하나님의 말씀에 관한 교의』(대한기독교서회 역간)

· **Die Kirchliche Dogmatik II/1, Die Lehre von Gott.** Evangelischer Verlag, 1940. 『교회교의학 II/1: 하나님에 관한 교의』(대한기독교서회 역간)

· **Die Kirchliche Dogmatik II/2, Die Lehre von Gott.** Evangelischer Verlag, 1942. 『교회교의학 II/2: 하나님에 관한 교의』(대한기독교서회 역간)

· **Eine Schweizer Stimme 1938~1945.** Evangelischer Verlag, 1945.

· **Die Kirchliche Dogmatik III/1, Die Lehre von der Schöpfung.** Evangelischer Verlag, 1945. 『교회교의학 III/1: 창조에 관한 교의』(대한기독교서회 역간)

· **Dogmatik im Grundriss.** Evangelischer Verlag, 1947. 『칼 바르트 교의학 개요: 사도신경에 담긴 기독교 진리』(복 있는 사람 역간)

· **Die Kirchliche Dogmatik III/2, Die Lehre von der Schöpfung.** Evangelischer Verlag, 1948.

· **Fürchte dich nicht!.** Christian Kaiser Verlag, 1949.

· **Die Kirchliche Dogmatik III/3, Die Lehre von der Schöpfung.** Evangelischer Verlag, 1950. 『교회교의학 III/3: 창조에 관한 교의』(대한기독교서회 역간)

· **Die Kirchliche Dogmatik III/4, Die Lehre von der Schöpfung.** Evangelischer Verlag, 1951.

· **Rudolf Bultmann.** Ein Versuch, ihn zu verstehen. Evangelischer Verlag, 1952.

· **Christus und Adam nach Röm. 5: Ein Beitrag zur Frage nach dem Menschen und der Menschheit.** Evangelischer Verlag, 1952. 『그리스도와 아담』(대한기독교서회 역간)

· **Die Kirchliche Dogmatik IV/1, Die Lehre von der Versöhnung.** Evangelischer Verlag, 1953.

- **Die Kirchliche Dogmatik IV/2, Die Lehre von der Versöhnung.** Evangelischer Verlag, 1955. 『교회교의학 IV/2: 화해에 대한 교의』(대한기독교서회 역간)

- **W A Mozart 1756~1956.** Evangelischer Verlag, 1956. 『볼프강 아마데우스 모차르트』(분도출판사 역간)

- **Kurze Erklärung des Römerbriefes.** Christian Kaiser Verlag, 1956.

- **Theologische Fragen und Antworten.** Evangelischer Verlag, 1957.

- **Brief an einen Pfarrer in der DDR.** Evangelischer Verlag, 1958.

- **Den Gefangenen Befreiung.** Evangelischer Verlag, 1959.

- **Die Kirchliche Dogmatik IV/3-1, Die Lehre von der Versöhnung.** Evangelischer Verlag, 1959.

- **Die Kirchliche Dogmatik IV/3-2.** Evangelischer Verlag, 1960. 『교회교의학 IV/3-2: 화해에 대한 교의』(대한기독교서회 역간)

- **Der Götze wackelt.** Evangelischer Verlag, 1961.

- **Einführung in die evangelische Theologie.** Evangelischer Verlag, 1962. 『개신교 신학 입문』(대한기독교서회 역간)

- **Ruf mich an!.** Evangelischer Verlag, 1965.

- **Ad Limina Apostolorum.** Evangelischer Verlag, 1967.

- **Die Kirchliche Dogmatik IV/4.** Evangelischer Verlag, 1968. 『교회교의학 IV/4: 화해에 대한 교의』(대한기독교서회 역간)

- **Letzte Zeugnisse.** Evangelischer Verlag, 1969. 『마지막 증언들』(한들출판사 역간)

* Evangelischer Verlag(EVZ)는 최근 Theologische Verlag Zürich(TVZ)가 되었다.

1886	5월 10일, 스위스 바젤에서 출생
1904~1908	베른, 베를린, 튀빙겐, 마르부르크 대학교에서 신학을 공부함. 베를린에서는 아돌프 폰 하르낙의 수업을 듣고, 마르부르크에서는 빌헬름 헤르만의 수업을 들었음.
1911	스위스 아르가우 주의 자펜빌에 목사로 부임. 10년 동안 자펜빌 교회의 담임 목사로 일함.
1912	아버지 요한 프리드리히 바르트가 세상을 떠남.
1913	3월 27일, 넬리 호프만과 결혼.
1914	제1차 세계대전 발발. 하르낙, 헤르만 등 93명의 독일 지식인이 전쟁에 찬성하는 성명을 발표함. 바르트는 커다란 회의와 충격에 빠짐.
1919	『로마서 강해』 출간. 탐바흐에서 '사회 안에서의 그리스도인'이라는 주제로 강연
1921	괴팅겐 대학교에서 개혁 신학 담당 교수로 청빙을 받아 독일로 이사.
1922	『로마서 강해』 개정판 출간. 뮌스터 대학교에서 명예신학박사 학위를 받음
1923	고가르텐, 투르나이젠과 함께 『시간과 시간 사이에서』 창간
1925~1929	뮌스터 대학교의 개신교 신학부 교수로 교의학과 신약성서 신학을 강의

1930	본 대학교 교수로 부임. 글래스고 대학교에서 명예박사 학위를 받음.
1932	『교회교의학』 I/1 출간.
1934	5월, 바르트가 작성한 바르멘 선언문이 독일 개신교 교회의 제1차 고백 총회에서 만장일치로 채택됨.
	9월, 「아니오!」를 씀.
	11월, 교수직을 박탈당하고 독일에서 일체 강연 금지 명령을 받음.
1935	바젤 대학교 교수로 초빙되어 스위스 바젤로 이사.
1937~38	애버딘 대학교에서 기포드 강연을 맡음.
1938	『교회교의학』 I/2 출간. 바젤 신학부 학장으로 취임. 어머니 안나 카타리나 바르트가 세상을 떠남. 옥스퍼드 대학교에서 명예박사 학위를 받음.
1938	제차 세계대전 발발. 무장 지원병으로 자원하여 104일 동안 군 복무.
1940	『교회교의학』 II/1 출간.
1942	『교회교의학』 II/2 출간.
1945	『교회교의학』 III/1 출간. 1946년까지 본 대학교에서 여름학기 강의를 함.
1948	암스테르담 세계교회협의회 총회에 참가해 주제 강연을 함. 『교회교의학』 III/2 출간.
1950	『교회교의학』 III/3 출간.
1953	『교회교의학』 IV/1 출간.
1955	『교회교의학』 IV/2 출간.

1959	『교회교의학』IV/3 출간.
1962	바젤 대학교에서 고별 강의를 한 뒤 은퇴. 미국을 여행하며 여러 대학에서 강연.
1963	시카고 대학교에서 명예박사 학위를 받음.
1966	베아 추기경의 초대를 받아 로마 여행.
1967	『교회교의학』집필 중단. 미완인 상태로『교회교의학』IV/4 출간.
1968	12월 10일, 82세의 나이로 바젤에서 세상을 떠남.

칼 바르트

– 말씀하시는 하느님, 응답하는 인간

초판 발행 ┃ 2017년 5월 30일

지은이 ┃ 마이클 레이든
옮긴이 ┃ 윤상필

발행처 ┃ ㈜타임교육
발행인 ┃ 이길호
편집인 ┃ 김경문
편 집 ┃ 민경찬
검 토 ┃ 성현철
제 작 ┃ 김진식 · 김진현
재 무 ┃ 장무창 · 강상원
마케팅 ┃ 이태훈 · 방현철
디자인 ┃ 손승우

출판등록 ┃ 2009년 3월 4일 제322-2009-000050호
주 소 ┃ 서울시 성동구 성수동2가 281-4 푸조비즈타워 1층
주문전화 ┃ 010-9217-4313
팩 스 ┃ 02-395-0251
이메일 ┃ innuender@gmail.com

ISBN ┃ 978-89-286-3802-4
ISBN(세트) ┃ 978-89-286-2921-3 04230
한국어판 저작권 ⓒ 2017 성공회 서울 교구